PURPOSE
パーパス・マネジメント
MANAGEMENT

社員の幸せを大切にする経営

Ideal Leaders 共同創業者
CHO
(Chief Happiness Officer)

丹羽真理
MARI NIWA

CROSSMEDIA PUBLISHING

はじめに

Purposeを共有し、幸せに働く
——その取り組みを主導するCHO

　働き方改革が叫ばれています。
「残業時間をなくそう」
「労働時間をできる限り圧縮しよう」
　と、皆一生懸命取り組んでいます。たしかに長時間労働は過労死にもつながりかねませんから、一見もっともらしくも思えます。でも何かヘンだな、と思う人も多いのではないでしょうか？
　働く時間を短くする、残業代を減らすことが目的化してしまい、「時短ハラスメント」といった言葉まで生まれてしまいました。でも働き方改革の本来の目的は、多様な働

はじめに

き方を可能とすることで、誰もが幸せに働ける社会を実現することだったはずです。

　わたしたちの働き方が問われる時代となったいま、このような「何のためにそれを行うのか？」という目的を、会社組織とそこで働く個人との間で絶えず確認することがとても重要となってきています。

　2018年に話題となっている『ティール組織』(フレデリック・ラルー著 英治出版)という本があります。そこでは「組織は、この世界で何を実現したいのか」という組織の存在意義（＝Purpose）を問いかけることが、新しい組織のあり方を探る出発点となることが強調されています。

　わたしたちアイディール・リーダーズも、「Purpose & Strategy Consulting」を提供サービスとして掲げています。

　Strategy＝「戦略立案」を手がけるコンサルティング会社は数多くあれど、**Purpose＝「存在意義」**をコンサルティングの最初に掲げる会社は恐らく私たちがはじめてであるはずです。

「たしかに存在意義や目的は大切だし、それが上から降りてくるだけでなく、組織と社員で共有されていた方がよい

のは分かる」ということに同意する方がほとんどでしょう。

　でも、なぜいまこれほどまでに「存在意義」の大切さが叫ばれているのでしょうか？

　米ギャラップ社が2017年に行った世界の働く人たちへの調査で「熱意を持って仕事をしている」と答えた人が日本人ではわずか６％だったというデータもあります。諸外国に比べるとこれはとても低い数字です。

　企業活動を発展させたいというときに、一番大事なのは、社員が仕事にやりがいを見いだしたり、楽しいと思えたり、会社が好きと思えるような熱意を持って仕事をしているかが問われます。つまりそこに「幸せ」を感じられるかどうかです。

　なぜなら、本書で後ほど数々の事例やデータで示すように、社員の皆さんのパフォーマンスが飛躍的に向上するからです。

　会社組織のPurposeとそこで働く個人のPurposeが一致していると、社員はいきいきと幸せに働くことができます。社員が幸せだと、会社の業績は間違いなく上がるのです。

　ですから、わたしは会社を発展させていく上では社員の

はじめに

幸せが、最も重要ではないかと考えています。「働き方改革」の本質は、誰もが活躍するというよりも、誰もが幸せに働くこと＝「幸せ改革」にあるのではないでしょうか？

働く時間を短くする、労働時間をギュッと圧縮すれば生産性が上がる、というのは必ずしも正しいとは思いません。でもどんな働き方であれ、会社と社員のPurposeが一致していて、そこで働く人々が幸福なら、企業の業績は上がるはずなのです。

このことはわたし自身の経験にもあてはまります。

わたしは社会人になって最初の3年間はコンサルタントのアシスタントとして、文字通り寝食を忘れて仕事に没頭していました。しかし突然、スタッフ部門への異動の内示がありました。大きな会社でしたし、自分が希望したわけではないものの、断ることもできません。そして、そこでの仕事は自分にとってはあまり幸せではない体験になってしまったのです。

スタッフ部門の労働環境はとてもよく、お給料は変わらず残業もほとんどなく帰れました。それに仕事に対するプ

レッシャーもコンサル部門ほど高くはありませんでした。いままでのキャリアの中でもっとも時給換算で高給取りだった時代かもしれません。

　でも「なんだか自分らしくない……」という気持ちが日に日に募っていきました。

　働く時間が短く、内容もキツくなく、お給料も悪くなかったのに、なぜわたしにとってはあまり幸せではなかったのでしょうか？

　最大の理由は「自分にとって、この仕事をしている意義や目的」がよく分からなかったから。

　上司には「よい経験になるはずだから」とは励ましてもらいましたが、やはり自分が納得のいく答えを見いだせなかったのです。

　わたしがそれまで行っていたコンサルタントの仕事では、政府系の仕事が多かったのですが、「日本をよりよい社会にする」といったテーマや目的があり、わたし自身もそこに貢献しているのだ、という自負がありました。だから大変な作業にも向き合えていたんだと思います。

　一方でスタッフ部門では、会社がスムーズに運営される

ことが最大の目的で、わたし個人と組織のPurposeがズレてしまっていたのです。

　もともと異動は一時的なものであったこともあり、比較的短い期間でわたしはまたコンサルティングの現場に戻ることができました。

　その一方で、異動した先の隣の部署で、やたらと楽しそうに仕事をしている人たちがいたんです。

　コンサルタントの仕事は、活気があり、皆熱意を持って仕事しています。ただ、クライアントの悩みを解決する仕事ということもあって、皆「うーん……」と眉間にしわをよせながらパソコンに向かう、というのが基本的なスタイルです。

　ところが、隣の部署の人たちは皆で談笑しながら楽しそうに仕事をしている。なんだろう、あの人たちは？　と気になったんです。

　コンサルタントの部署の中でも、ある意味その人たちは完全に「浮いて」いました。でも、すごく利益も上げているという。いわゆるコンサルタントとはちょっと違う仕事をしていて、「クライアントである経営者に会社の存在意義や、事業の目指すところを明らかにする」ためのサポー

トを生業とされていたんです。

　いまわたしが行っている仕事も同じなんですが、ポイントはそういったサポートを行う自分たちも「意義・目的」を確認・共有しあいながら、仕事を進めていくという文化を大切にしているということだったんです。

　そこにはPurposeを共有し、メンバー一人ひとりがそれぞれの強みを活かして幸せに働けるような仕組みが存在していた、と言い換えることができるかもしれません。存在意義・やりたいことを、すごく大切に捉えていて、そういった本質を考えたり、共有する時間がしっかりと設けられていたんです。

　後に機会があり、彼らのプロジェクトに加えてもらうチャンスを得ました。それが彼らとアイディール・リーダーズを創業する起点ともなりました。

　わたしたちアイディール・リーダーズの考え方は、仕事を遂行するための「パーツ」としてメンバーがいる、というものでなく、一人ひとりが「際立って」いて、それが上手く組み合わさることで、仕事の規模が大きく発展したり、異なる分野へと広がっていく——そんな多様な価値観がベ

ースになっているのです。

　そのほうが皆の意欲が高まりますし成果も上がるのです。幸せに働くためには、自分の存在意義ややりたいことと仕事をリンクさせることが鍵を握っているんだ、ということをアイディール・リーダーズのメンバーと共に、そして様々なクライアントと向き合うことで日々確認しています。

　とはいえ、個々人の工夫・努力にも限界があります。一人ひとりが幸せに働ける組織をどのようにデザインしていくか、そのデザインは誰が主導していくのか？　と考えていったときに、本書のテーマであるCHO＝Chief Happiness Officerという経営職あるいはその機能を持つ役職が果たす役割は非常に重要となってきます。

　わたしは日本中の職場から「眉間のしわ」をとりたいのです。

　そして、そのために日本中にCHOの仲間を増やしたいと思っています。

　日本では「働く＝大変なこと」、苦労して何かを犠牲にしなければ高い成果は得られない、といった固定観念が定着していますが、はたして本当にそうなのでしょうか？

現在の、単純な労働時間の短縮へと向かう「働き方改革」の背景にもこの価値観が色濃く影を落としているのではないでしょうか？

　長い時間眉間にしわをよせながら働くことと、働く時間を短くすることに躍起になって、同じように眉間にしわをよせながら働くことに、本質的な違いはなく、本当に私たちが「幸せ」になっているのか、という点は改めて問われなくてはなりません。

　皆が楽しく、やりがいを持って働けることこそが幸せな状態であり、そんな環境、組織を生みだしていくことがCHOの役割です。そしてCHOは新しい経営職ではありますが、必ずしも役員でなければならない、というわけではありません。後に詳しく述べるように各部門のリーダー・スタッフもCHO的な役割を果たすことは可能なのです。

　そしてCHOの取り組みをすすめるにあたって大切なのがPurpose（存在意義）です。

　どのようにすればPurposeが明確になり、組織の中で共有していくことができるか、という点についても本書ではしっかりと紹介していきたいと思います。

本書の構成は以下のとおりとなっています。

| 第1章 | 働き方よりも重要なこと。そのキーワードは「幸せ」 |

➡「時間」に焦点があたりがちな働き方改革ですが、その本質は社員の幸せにあるはずです。本来の生産性革命とは何かについても述べていきます。

| 第2章 | ポジティブな感情は仕事のパフォーマンスに影響する |

➡様々な研究でも社員の幸福度が高ければ会社の業績が上がることが明らかになってきています。「幸福優位」とも呼ばれるそのメカニズムを確認していきます。

| 第3章 | 個人にとっても組織にとっても「Purpose」が起点となる |

➡個人と組織が幸せであるためには、Purposeの共有が欠かせないことを詳しく見ていきます。

| 第4章 | Happiness at Workという考え方 |

➡Purposeを起点とした個人と組織の幸福を実現するための「4つの要素」をご紹介します。

| 第5章 | Chief Happiness Officerの理論と実践 ──INTERVIEW |

➡「幸福学研究」の第一人者である慶應義塾大学大学院システムデザイン・マネジメント(SDM)研究科の前野隆司教授と、WAA(Work from Anywhere and Anytime)を提唱し人事面から幸福な経営を追求しているユニリーバ・ジャパン・ホールディングス株式会社 取締役人事総務本部長・島田由香様にお話を伺います。

| 第6章 | 次世代型組織の中心となるCHOの実際 |

➡本書のまとめとしてCHOの取り組みのポイントと、ツールをご紹介します。

社員一人ひとりがPurposeを共有し幸せに働ける職場づくりをリードするCHOが知っておくべき理論や、ノウハウをできるだけ分かりやすく解説していきます。本書が会社を、ひいては日本を元気にする一助となることができれば幸いです。

著者

はじめに

Purposeを共有し、幸せに働く
—— その取り組みを主導するCHO ……… 2

第1章

働き方よりも重要なこと。そのキーワードは「幸せ」

仕事とは苦しいものという固定概念を捨てよう …… 20

「働き方改革」はまず自分たちの足元から ………… 24

残業削減やプレミアムフライデーで幸せになれる？ …… 27

ブラック企業と皆がいきいき働く
ベンチャー企業との違い ………………………… 32

本当の生産性向上とは「分子」を増やすこと ………… 36

世代間のギャップを乗り越えられる「幸せ」という指標 …… 41

人生100年時代の幸せな働き方を目指して ………… 47

コラム そもそも「幸せ」って何？ 50

第2章

ポジティブな感情は
仕事のパフォーマンスに影響する

「幸せ」って測れるものなの？ ……………………… 58

研究が示す幸福度向上の有効性………………… 64

幸福優位の法則……………………………………… 75

> コラム　習慣化できる「小さな幸せ」の積み重ね 81

第3章

個人にとっても組織にとっても
「Purpose」が起点となる

幸福の起点は個人がPurposeを持つこと ………… 88

組織においてもPurposeが重要 ………………… 92

Purposeの重なり合いが幸せと生産性を生む ……… 96

「ティール組織」でも強調される重要性 …………… 99

脳科学における幸せとPurpose ……………… 103

ミッションとはどう違うのか？……………… 105

第4章

Happiness at Workという考え方

デンマークには「仕事における幸せ」を表す
単語がある…………………………………… 112

アイディール・リーダーズが考える
「仕事における幸せ」とは …………………… 115

満足度ではなく幸福度を高める……………… 125

満足度向上が幸福度に
ネガティブな影響を与えることも ………… 129

第5章
Chief Happiness Officerの理論と実践
―― INTERVIEW

INTERVIEW
1
前野隆司
慶應義塾大学大学院システムデザイン・マネジメント(SDM)研究科教授

社員の「幸せ」度は
イノベーションとつながっている
134

INTERVIEW
2
島田由香
ユニリーバ・ジャパン・ホールディングス株式会社 取締役 人事総務本部長

会社のPurposeと
個人のPurposeを深く考えること
154

第6章

次世代型組織の中心となるCHOの実際

CEO・COOに加わる新しい経営職「CHO」　174

海外で先行するCHOへの動き　177

CHOは経営職であることが望ましい　183

CHOの具体的な仕事　186

CHOのツールボックス(1)
Purpose策定ワークショップ　197

CHOのツールボックス(2)
相互理解のための強み当てゲーム　204

CHOのツールボックス(3)
今日からできる取り組みのアイディア　208

CHOは「しあわせ係」から　214

おわりに

日本型CHOの確立に向けて　216

第 1 章

働き方よりも重要なこと。
そのキーワードは「幸せ」

仕事とは苦しいものという固定概念を捨てよう

「社員の幸せを追求する」という考え方そのものに異議を唱える人は少ないはずです。でもたとえば、次のような質問をされたらどうでしょうか？

「会社や株主の利益よりもまず社員の幸せを追求すべきである」

いかがでしょうか？　胸を張って「Yes」と答えられますか？

恐らく、いやちょっと待って、と躊躇してしまう人がまだまだ多いと思います。

わたしたちは学校で、株式会社とは株主の利益を追求するものだと教わっています。社員の幸福を第一にしてしまうと、会社や株主の利益が二の次になってしまうのではないか、と心配する人もいるかもしれません。

第1章　働き方よりも重要なこと。そのキーワードは「幸せ」

　実際、経済紙などでは「働き方改革も結構だが、まず会社が儲かっていないとその実現は難しい」という意見が展開されることも少なくありません。

　しかし、わたしは「会社や株主の利益よりもまず社員の幸せを追求すべきである」と考えています。社員の幸福度が上がれば、会社の業績も上がり、株主も幸せになれるからです。

　わたしたち日本人は、仕事とは苦しく耐えるものだ、という固定概念に囚われているのではないでしょうか。テレビで「あの革新的な商品が生まれた瞬間」が再現ドラマなどで放送されるとき、なぜかその前には、苦悩する登場人物が、深刻なBGMと共に眉間にしわをよせて、机の前でうなだれる、といったシーンが流されたりしますが、あれってヘンだなと思います。

　本来「どうやったらもっと楽しく成果を高めることができるだろうか?」「もっと上手いやり方があるのではないか」というところからイノベーションは生まれるものではないでしょうか?

　苦境から生まれるドラマはたしかにわたしたちの心を動

かしますが、わたしたちが普段向き合っている仕事は本来的には楽しいものであるはずなのです。それに向き合うわたしたちも幸せであることが、次なるイノベーションを生みだし続けることができる。その連鎖が会社や株主などのステークホルダーにも利益をもたらし、彼らも幸せにしていく。

　社員の幸せを追求するというと、それは社員を甘やかすことにつながるのではないか、という指摘をする人もいます。しかし、それは全くの誤りです。

　幸せに働くためには、一人ひとりが、自分がこの会社で働く意義とは何か、という根源的な問いに答えなくてはなりません。もし、意義を見いだせないのであれば、そこを去るべきだ、という厳しい判断を下さざるを得ないこともあります。

　社員の幸福度を上げる取り組みは一朝一夕では実現しません。本書では、そのムーブメントをどうすればつくれるのか、それを牽引していくCHOの役割はどういうものかについて詳しく述べていきますが、組織とその構成員である社員への深い洞察と、理論に基づいた効果的なアプロー

チをもって持続させなければ、社員の幸福度は向上しません。

　仕事は苦しいのが当たり前、という固定概念は一度ここで捨ててください。

　一方で、幸福＝楽である、という誤解も一旦ここに置いておきましょう。

　それが、社員の幸福度によって会社を発展させる取り組みの第一歩となります。

「働き方改革」は まず自分たちの足元から

　戦後の復興、高度経済成長を経験した日本は、いま試練のときを迎えています。失われた20年とも呼ばれた長い景気低迷の後、アベノミクスによる好景気に支えられている反面、「日本の産業はどの国にも負けない」という確固たる自信を取り戻すには至っていません。また、少子高齢化の影響で労働人口の減少が続いています。働き手が少なくなれば、GDPのような国として生みだせる価値も減ってしまい、ますます国際的な存在感も小さくなってしまいます。

　そんな「希望を見いだしにくい」現状を反映してか、精神疾患を抱えたり、自殺に追い込まれてしまう働く人々も少なくないのはとても残念なことです。

　そんな中、国が打ちだしたのが「働き方改革」という取

り組みでした。この言葉はいま流行語にもなるほど世間を賑わしていますが、具体的に何をどう変えようとしているのか分からず、国家としてのビジョンは不明確なままです。

　この「働き方改革」の取り組みは、次なる経済発展のためには「50年後も人口1億人を維持し、職場・家庭・地域で生きがいを持って、誰もが活躍できる社会」を目指すべきだとして、「生産性革命」の実現に向けた労働基準法の改正や、子育て・介護支援、社会保障の充実など、かなり広い範囲の政策や法律のパッケージとなっています。

　現在の労働基準法は、戦後の混乱期、失業者が大量発生した時代にその起点があります。不当な解雇や長時間労働を抑制する、ということに重点が置かれています。また、産業構造の変化や多様な働き方の実現には欠かせない雇用の流動化についても、とても抑制的な制度になっていることは多くの人にとって実感があるはずです。

　これらのルールは、わたしたちが理不尽な方法で働かされることを防いでくれる一方、わたしたちが幸せを感じながら働こうとすると、かえって壁になることも多くなってきました。

現代では、パソコンやスマホ、そして高速インターネット環境も普及しています。すでに読者の皆さんもそうであるように、仕事の多くの部分が――それこそ顔を見ながら行う打ち合わせなども――オフィスにいなくてもできるようになりました。辛い思いをしながら満員電車に乗って皆が同じ時間に会社に向かわなくても、その時間を仕事にあてることでより多くの成果が出せるはずだ、というのは誰もが感じつつあるのではないでしょうか。

　一方で、共働きをしながら子育てをしたり、介護を行っているという人も増えました。時間の拘束が生じる中で、もっと柔軟な働き方をしたいというニーズは確かに生じてきています。

第1章　働き方よりも重要なこと。そのキーワードは「幸せ」

残業削減や
プレミアムフライデーで
幸せになれる？

　本書では主に、幸せに働くこととはどういうことなのか？　そして、幸せな社員が増えれば会社の業績も上がるということをお伝えしていきます。そして、その取り組みを推進するChief Happiness Officer（CHO）の重要性とその役割についても詳しく見ていきます。

　ところで、幸せな会社を作るためには、残業時間を減らしたり（時短）、プレミアムフライデーを導入し早く終業して、皆で居酒屋に行けばよいのでしょうか？　読者の皆さんが仮に「会社の幸福度を高めなさい」というミッションを受けて、活動するとすれば、こういったところから取り組もうとするかもしれません。

　CHOが何をすればよいのか、という答えは後の章で詳しく述べるとして、時短やプレミアムフライデーは残念な

がら「幸福度を高めることには必ずしもつながらない」というのがわたしの考えです。

「はじめに」でも紹介したエピソードを振り返ってみましょう。

　わたしは、とても忙しく、残業も当たり前だったコンサルタントの部署から、スタッフ部門に異動しました。しかし、早く帰れるようになったにもかかわらず、あまり幸せではありませんでした。

　現在の労働基準法は、労働を「時間」と「賃金」で管理しています。比較的容易に、かつ客観的に測ることができる指標ではありますが、実は「改革」を進める際には、この２つの指標は必ずしも有効とは言えないのです。
　たしかに長時間労働が問題視される中「残業を減らし働く時間を短くしよう」というスローガンは一見もっともらしいようにも感じられます。
　会社から早く帰れば、その時間を使って自己研鑽をし、

第1章 働き方よりも重要なこと。そのキーワードは「幸せ」

介護や子育てにもより真摯に向き合えるはずだ……。

　でも本当にそうでしょうか？　仕事にやりがいを感じられていなければ、いくら自由な時間があっても前向きにその時間を活用しようということにはならないのではないでしょうか。

「ジタハラ＝時短ハラスメント」なる言葉も生まれています。残業時間が少なくなれば、会社が従業員に支払う残業代も少なくなります。「効率よく働いて、生産性を上げ、早く帰りなさい。でもお給料はいままで通りです」ということになれば、働く人にしてみれば、忙しさは増し、残業代が出ないぶん収入は減って、踏んだり蹴ったりです。これこそハラスメントじゃないか、という批判が出てしまうのも仕方がないのかもしれません。

　プレミアムフライデーも、月に一度早く帰るという取り組みとしては分かりやすく、だからこそ世の中でもあれだけ話題となりました。

　ただ、開始から１年あまりが経ち、当初のような関心は薄れてしまっているようです。早く帰るためにかえって大変な思いをすることも多い「ノー残業デー」と同じく、働

く時間を短くすることに焦点をあてると、どうも上手くいかないとは思いませんか？

　わたしがCHOを務めるアイディール・リーダーズでも、３カ月に１回、丸一日かけて特別な取り組みをしています。

　でも、早く帰ろう、というものではないんです。それは、皆で普段の仕事とは違う体験をしようという取り組みです。

　たとえば、ある月には「ゲームを徹底的に学ぼう」ということで、最近話題のゲームカフェとVR体験をしました。

　弊社のクライアントにはゲーム会社も数社ありますので、その現場を見ておこうという狙いももちろんありましたが、スタッフ同士、互いの意外な一面を知ることができて、コミュニケーションがより円滑になるといった効果もありました。そして何よりも皆で楽しくて、幸せな気持ちになれるのです。

　時短やプレミアムフライデーのような「時間」にフォーカスした取り組みだけでは、皆が幸せな会社への道はなかなか険しいとわたしは思います。

　CHOは社員が本当にいきいきと働ける環境作りのための、着実な一手を打ち続ける必要があるのです。

そのためには、時間や賃金ではなく「幸せ」に焦点をあてる必要があると考えています。

ブラック企業と皆がいきいき働くベンチャー企業との違い

　幸せな働き方と対極にある、いわゆる「ブラック企業」についても考えてみましょう。

　2013年に流行語大賞ともなった「ブラック企業」。

　その定義はいくつかありますが、「望まない長時間労働を強いる」という点では共通しています。この数年は大手上場企業でもブラックな働かせ方をしていたということで、メディアでも大きく取り上げられました。それが、現在の「働き方改革」の柱のひとつである「長時間労働はやめよう」という動きを後押ししていることは間違いありません。

　一方、アイディール・リーダーズはベンチャー企業とのお付き合いが少なくないのですが、そこでもブラック企業と同じくらい、あるいはそれ以上に長時間働く人がいることも珍しくありません。

第1章　働き方よりも重要なこと。
そのキーワードは「幸せ」

　もちろんベンチャー企業での長時間労働も、長期的な目線では社員のためにはなりません。

　でも、彼らの多くは一様に幸せそうなんです。そこにある違いは何なのか、気になりませんか？

　ブラック企業とベンチャー企業は、実は傍目からは見分けがつきにくいことが多いのです。皆が忙しく動き回り、長時間労働も厭わず、売上やシェア拡大という目標に向って突き進んでいる様子は、とてもよく似ています。

　後に問題が発覚してブラック企業の烙印を押されてしまう会社も、それまではテレビなどで「良い会社」として取り上げられたりするのも、そのことをよく表しています。恐らく出勤簿などを比較しても、よく似た傾向になるかもしれません。時短が逆にハラスメントとなる恐れがあることからも分かるように、「時間」を軸に良い会社と悪い会社を判断することにはやはり無理があると言えます。

　良い会社と悪い会社の大きな違いとは、**社員が組織の存在意義を自分のものとして共有できているか**、という点です。

　そして、組織の存在意義については、本書でもこの後詳

33

しく述べますが、そこで働く一人ひとりの存在意義と深いレベルで一致していれば、個人の幸せとも結びついていきます。

　ベンチャー企業は、たとえば世の中にはまだない製品やサービスを生みだしてお客さんに喜んでもらうという明確な存在意義や目的があることがほとんどです。少ない人数の社員が、存在意義や目的を共有して、達成までの期限を切って言葉通り「駆け抜ける」ことになります。

　ただ、こういった働き方はベンチャー企業だからこそ、とも言えます。ベンチャーを立ち上げた何らかの「目的」を達成した後は、創業期の熱狂から醒めて、どう会社を持続的に成長させていくか、という次の経営課題が待ち受けています。

　社員も増え、様々な動機・事情を持った人たちが会社に集まってきたとき、ベンチャースピリットだけを掲げて、それまでと同じ仕事のやり方を続けるのも現実的ではないのです。

　そこでロールモデルのひとつとなり得るのは、ブラック企業と対をなす「ホワイト企業」という考え方です。この

第1章 働き方よりも重要なこと。そのキーワードは「幸せ」

本の第5章にもご登場いただく前野隆司教授も企画委員を務める「ホワイト企業大賞」では、このホワイト企業を「社員の幸せと働きがい、社会への貢献を大切にしている企業」と定義しています。

また、ベストセラー『日本でいちばん大切にしたい会社』を著された坂本光司先生は、「『良い会社』の経営の目的・使命は、その業績を高めることでも、シェアやランクを高めることでも、ましてやライバル企業との勝ち負けを競うこと等ではなく、『人』の幸せの追求であり、そのことを最も大切にした経営活動が一貫して行われている」と述べています。

いずれもが「幸せ」を第一に打ちだしていることに注目してほしいと思います。押しつけられた目的を負わされるブラック企業とは異なり、持続的な発展を続けていくホワイト企業では、目的の共有やそこから生みだされる幸せを、ある意味「設計」し、指標のひとつとして高めていっています。

わたしが幸せな会社をつくる推進役としてのCHOの仲間を増やしたいのも、まさにホワイト企業に象徴されるような良い会社を増やしたいという思いからなのです。

本当の生産性向上とは「分子」を増やすこと

　複合的な取り組みである働き方改革の中で、重要な位置を占めているのが「生産性の向上」（労働生産性革命）です。生産性を上げるとはどういうことか？　皆さんは正しく理解しているでしょうか？　ジタハラという状況が生まれてしまっている現状を見ると、「働く時間をできるだけ短くして、いままでと同じ、あるいはいままで以上の成果を上げる」という考え方だけが広まってしまっているのではないかと思います。

　労働生産性とはどのように計算されるものなのか、ここで確認しておきましょう。労働生産性とは労働による「付加価値」を労働量によって割った値です。この値が大きければ労働生産性が高い、ということになります。

　日本はこの労働生産性がＧ７の中でずっと最下位という

第1章 働き方よりも重要なこと。そのキーワードは「幸せ」

図　労働生産性及び労働生産性の国際比較

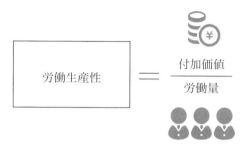

	1980年	1990年	2000年	2010年	2016年
1	ルクセンブルク	ルクセンブルク	ルクセンブルク	ルクセンブルク	アイルランド
2	オランダ	ベルギー	ノルウェー	ノルウェー	ルクセンブルク
3	米　国	オランダ	ベルギー	ベルギー	ノルウェー
4	ベルギー	米　国	オランダ	米　国	ベルギー
5	スイス	フランス	米　国	デンマーク	デンマーク
6	スウェーデン	スイス	フランス	オランダ	米　国
7	カナダ	ノルウェー	ドイツ	アイルランド	オランダ
8	イタリア	イタリア	デンマーク	フランス	ドイツ
9	オーストラリア	デンマーク	スイス	ドイツ	フランス
10	フランス	スウェーデン	スウェーデン	スイス	スイス
−	**日本**(20位)	**日本**(21位)	**日本**(20位)	**日本**(20位)	**日本**(20位)

出所：日本生産性本部 2017をもとに作成

位置に甘んじています。そんな背景もあって、まだ伸び代がある生産性に国も着目するのは自然な流れです。しかし、それが「長時間労働の削減」というテーマと結びついて、分母を小さくしようということにばかり目が向いてしまうことには大きな矛盾が潜んでいます。

「ジタハラ」はこの労働量を減らすところに力点が置かれてしまうことから起こる歪みです。長時間労働の削減は、残業代の圧縮にもつながり人件費の削減という、特に経営側からは分かりやすい効果が生まれます。
　しかし、「何のための生産性向上なのか」という目的が共有されていなければ、「短い時間でこれまで同様、もしくはこれまで以上の効果を出せ」というプレッシャーだけが社員にのしかかることになります。これではジタハラだ、と言われてしまってもしかたがないですし、短期的に皆が全力疾走することで生産性が上がっても、中長期的には無理が生じて長続きはしないはずです。
　しかし、労働生産性をより飛躍的に向上できる部分があります。それは分子＝付加価値を大きくする、ということ

です。

　この付加価値も曖昧に使われがちな言葉です。改めて定義を確認しておきましょう。付加価値とは企業が生みだす総生産額から、原材料など他の企業から購入した中間投入物の費用を差し引いた額を指します。つまり純粋にその企業で生みだされた価値のことです。これは賃金・利潤・利子・地代・家賃などで構成され、その企業が生む最終生産財の価格と等しくなります。

　この付加価値を高めることができれば、疲弊してまで時短を追求しなくとも、生産性は上がることになります。そして、この付加価値を高めることにもっとも効果があるのが、実は社員の幸せの追求なのです。

　後の章でも詳しく述べますが、社員の幸福度が上がると、イノベーションを生みだす力が大きくなります。イノベーションが生まれれば、他社との競争にも優位に立てますし、利潤が大きくなり、賃金などの付加価値も上がり、結果的に生産性も高まるのです。

　この順番に気をつけていただきたいのですが、イノベーションが生まれたから社員が幸福になるわけではありませ

ん。社員が幸福だからこそ、イノベーションが生まれる可能性が高まるのだ、という関係は常に念頭に置いておく必要があります。

第1章 働き方よりも重要なこと。そのキーワードは「幸せ」

世代間のギャップを乗り越えられる「幸せ」という指標

　この章の冒頭で、社員の幸せの追求こそが会社に利益をもたらす、と強調しました。つまり真の働き方改革とは社員の幸せの追求こそにその本質があるとわたしは考えています。

　いま、政治や経済を主導する人には、60代〜70代のいわゆる団塊の世代の方々も多くいます。
　団塊の世代の方々は、いわゆるベビーブーマーで、同世代の競争が激しく、受験戦争や長時間労働を余儀なくされた世代です。いまでさえ長時間労働がこれほど批判される時代となりましたが、いまから30年弱前の平成初頭は「24時間戦えますか」というCMソングが流行するような時代でした。高度経済成長、オイルショック、バブル経済、バ

ブル崩壊とその時々の経済情勢に伴い、わたしたちの労働観も大きく変化しているのです。

このように世代が異なれば、個人による差はあれども、何に重きを置くか、という価値観は当然異なってきます。それは企業活動に何を求めるか、どんな軸でそれを評価するかといった価値観も異なることを意味します。

団塊の世代の方々、特にいまなお政治や経済に影響を与えているような、「成功」を収めた人たちの多くは、受験や就職、その後の社会人としての活動においても、常に競争にさらされ、長時間、それこそ眉間にしわをよせて、努力してきた人も多いはずです。

そういった人たちからすれば、内心では日本の経済発展は自分たちが体験してきたような長時間労働が支えてきた、という考え方にどうしても縛られている面があるかもしれません。しかし、実際は戦後の高度経済成長は、マクロ環境の特殊要因――労働人口の急速な増加や、それに伴う生産力の増大という「人口ボーナス」によるものが大きいと言われています。

そして、前述のとおり、現在の労働基準法はあくまでも時間をベースに、報酬や適正なワークスタイルを定義しています。そんなところに、これまで見てきたような働き方改革が、ややもすると迷走する要因があるのかもしれません。

けれども、幸福度という指標を用いれば、多様化する価値観やニーズにも応えることができます。もちろん、何に幸せを見いだすか？　という価値観は時代状況の変化によって、変動はします。しかし、時間という一見客観的に見えて、それでいて人それぞれそこに見いだす価値が異なる要素を用いるよりかは、ずっと公正な指標として成立しうるはずです。

たとえば、幸福度を測る質問項目として以下のものがあります。

先週1週間を振り返って幸せに働くことができていたかを問うものです（Woohoo社）。

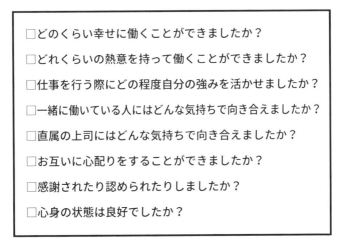

　いかがでしょうか？　こんな簡単な問いで幸福度が測れるのか、と驚かれたかもしれません。しかし、こういった問いを毎週継続的に行い、集計し、改善を図っていくことで幸福度は向上し、結果的に会社の業績も上向いていきます（アンケートの詳細は巻末の特典にあります）。

　とてもシンプルな問いだけに、世代間の価値観の違い、ギャップもここではさほど問題になりません。働く時間の

長さを問うたり、後ほど詳しく述べるように「満足度」を問うたりすると、その評価を巡って様々な解釈が生じてしまいますが、たとえば「感謝されたり認められたりする」ことは、「褒められてイヤな人はいない」と言われるように誰にとっても嬉しく幸せに感じるものです。

　そんなことは当たり前ではないか？　と思われるかもしれません。

　しかし、「いつも感謝している」と心の中で思っていても、意外と毎週それをきちんと相手に伝えているか、と言えば、なかなか心もとない人も多いはずです。幸福度を高める活動の一環として、相手に具体的に感謝を伝える、という行動を促すのは実はとても有効なのです。

　このように幸せであるか否かを評価基準として、企業活動を進めていくのは、とてもシンプルで、世代やあるいは国籍などの文化的ギャップが比較的小さいアプローチであることがお分かりいただけるかと思います。

　ちなみにアイディール・リーダーズでも、オフィスの壁に感謝を伝えるコーナーを設けています。ここには、スタッフ一人ひとりの封筒が用意されており、相手への感謝の

気持ちを小さなカードに記して投函することができるようになっています。こうすれば、面と向かって言うのは恥ずかしいことでも、相手に感謝の気持ちを伝えることができるのです。

　団塊の世代の方には、相手を褒めるのが苦手、という方も少なくないようです。「頑張るのが当たり前」だったり、親御さんを戦争で亡くされたため、親身なフィードバックを得る機会が少なかったという事情もあるかと思います。そういった方にも、この「感謝コーナー」はきっと役に立つはずです。ぜひ採用してみてください。

人生100年時代の幸せな働き方を目指して

　働き方改革の政策パッケージには「人生100年時代」という言葉も繰り返し登場します。医療の発展により平均寿命が飛躍的に伸び続けているため、2107年には100歳以上の高齢者が過去最多の６万７千人超となっています。教育を受け、仕事につき、引退し、老後の穏やかな生活を送るというこれまでのライフプランはもはや時代遅れのものになりつつあるのです。

　具体的には、社会人が再び大学や大学院などで学び直す、という事例がこれからも増えていくことになるでしょう。また、平均寿命だけでなく健康寿命も伸ばさなければならない、ということで様々な対策が検討されていますが、いずれにしてもこれからしばらくは、介護とどう向き合うのか、というのは誰にとっても避けられない課題となります。

つまり、これまでの比較的シンプルなライフプランではなく、育児・学び直し・転職・介護といった様々なライフイベントを働く人の誰もが経験することになります。

　こういった環境の変化が、社員の幸福度を測り、その向上に努めることの有用性を高めています。育児や介護に忙しい人にとっては、働く時間が短く、場所も柔軟に選択できることが幸福度の向上には有効でしょう。

　また、学び直しでは、平日の何日かは昼に学校へ通い、夜に仕事を行う、といった働き方が認められることが望ましいといった判断もあり得ます。

　一方で、会社でのキャリアアップや新規事業立ち上げのために、この１年間は集中的に働くということが本人にとって最も幸せであるといったケースも出てくるでしょう。

　こういった多様な働き方を、誰もが当たり前のように求める時代にあって、労働時間やたとえば「現在の給与に満足していますか？」といった問いで従業員満足度を測ることは、実はあまり有効ではないのです。多様性が増す時代に即した指標はやはり幸福度であり、一律に何か制度を設ければその向上が図られるほど単純ではない指標でもある

ため、一人ひとりの事情に応じた対応も求められます。その取り組みを主導するCHOには高い共感力や柔軟性など、様々なスキルが求められることになります。

コラム
そもそも「幸せ」って何？

　ここで質問です。

「幸せ」ってどんな状態を指すのでしょうか？

　即答できる人はそれほど多くないと思います。単純なようでいて、実は奥が深い質問です。

『広辞苑』によれば「幸福」とは「心が満ち足りていること、また、そのさま」とありますが、では心が満ち足りた状態とはどういうことなのでしょうか？

　哲学や宗教の歴史を辿ると、幸福とは何か？　どうすればそこに至ることができるのか？　という問いかけがずっと続いていることが分かります。CHOにとっても、その問いかけは無関係なものではありません。ごく簡単にその流れをおさえておきましょう。

　高校の倫理の授業などで習ったギリシャ哲学を思い出してみてください。

コラム　そもそも「幸せ」って何？

　既に紀元前からアリストテレスは「幸福こそが最高善・究極目標」だと説いています（彼は幸福という言葉はまだ使っておらず、ユーダイモニア＝人の繁栄と訳される言葉を使っています）。しかし、では幸福とはどういう状態を指すのかについては議論が起こります。「個人の心の平穏を追求することこそが幸福なのだ」と説き、後に快楽主義とも解釈されたエピクロス派、「理性で自分の衝動や欲求に打ち克つ」禁欲主義こそが幸福なのだと説いたストア派のように、幸福に異なる価値が既に見いだされていました。

　その後、西欧ではキリスト教が誕生し幸福を巡る考え方も変化していきます。幸福とは個人ではなく、神からもたらされるものだ、という価値観が一般的なものとなったのです。現在の「欧米人はアジア人に比べて一般的に社交的で明るく振る舞う人が多い」という感覚からすると少し意外にも思えますが、18世紀まではプロテスタンティズムの考え方が広まり、原罪を背負った人間にとって「悲観的な人生観」が好ましいとされたのです。この時代の人々は人前で歯を見せて笑うことを避け、自画像なども笑顔ではなくやや愁いをたたえた表情が選ばれたのにはそんな背景がありました。

　さらに、神から救済を予定された人間であれば、その実現

51

に向けて努力するはずだ、と捉え、それまで悪いものとして扱われていた「利潤」も、神から与えられた天職に励んだ結果としてむしろ肯定し、その結果、資本主義が急速に発達したという説が有力です。

　その後は、イギリスの哲学者ベンサムが「功利主義」を唱えます。

　功利主義は、少し前に日本でもブームになった「白熱教室」シリーズでサンデル教授が分かりやすい事例と共に紹介していた考え方です。電車に轢かれそうな５人を助けるために、待避線にいる１人を犠牲にしてもいいか？　という「トロッコ問題」を覚えている人もいるかもしれません。量的な功利主義ではより多くが助かる選択をよいこと（＝最大多数の最大幸福）とします。

　幸福の「量」を重視したベンサムに対して、「質」に着目したのがミルです。「満足した豚であるより、不満足な人間であるほうがよい。満足した馬鹿であるより、不満足なソクラテスであるほうがよい。」と彼は論文の中で述べています。幸福は果たして測れるものなのか、という点に加えて満足とは幸福とイコールなのか、という大事な問いかけがここにも含まれているようにわたしには思えます。

コラム　そもそも「幸せ」って何？

　人間の快楽や苦痛は計量可能で、社会全体の幸福を重視した「最大多数の最大幸福」を目指すというベンサムの考え方は、現代の社会主義・民主主義といった政治体制にも大きな影響を及ぼしています。

　しかし、テクノロジーが発達し、グローバル化が進む一方、移民や格差や情報セキュリティを巡る問題が現代では頻発しています。先ほどのトロッコ問題も、では自動運転車であればどのような選択をプログラムしておくべきなのか、というまだ答えの見えない問いへとつながっています。単純に量だけで幸せを測り、選択を下していくような功利主義で果たしてよいのだろうか、という疑問が持ち上がっているのです。

　トロッコ問題のように人の生死が関わるものであれば、選択はまだシンプルで、だからこそ学校の教室で紹介される事例ともなり得ます。しかし、人が何に幸せを感じるか、という問いは極めて多様な要因を含んでいます。

　たとえば、国・地域によっても幸せを感じるシチュエーションは大きく異なっていることがよく知られています。欧米では自主性に重きが置かれ、自分の考え、主張が尊重されるときに幸せを感じ、アジア圏では自分が属する組織から認められると幸せを感じる傾向にあることがいくつかの調査から

明らかになっています。

　その背景には、地域コミュニティが一体となって取り組まなければならなかった稲作が中心であったアジア圏と、個人でもかなりの作業を行える麦作が中心であった西欧圏という地政学的な違いがあるという説も有力です。

　仏教では、「一切皆苦」（人生は思い通りにならない）という考え方がベースにあります。それは、「諸行無常」（すべては移り変わっていき）、「諸法無我」（すべては繋がりの中で変化している）からだというわけです。こういった真理を理解し、煩悩を捨て修行を積むことで、心が安定した「さとり」の境地に達することを「涅槃（ねはん）」と呼んでいます。涅槃に至ることこそが究極の幸せとも言えるわけですが、縁を大切にする、慈悲の心をもって他者に接するといった、わたしたち日本人の普遍的な考え方は、実は仏教の教えにも通底しているのです。

　このように、国や地域、ベースとなる文化によっても幸せ・幸福を巡る考え方は異なります。キリスト教や仏教にも様々な宗派がありますので、それぞれやはり解釈やそこから生まれる行動規範も異なってくるのです。

　歴史を振り返っても、多くの賢人たちが「幸せ」とは何かという問いに取り組むも、その答えは得られていないという

コラム　そもそも「幸せ」って何？

のが実情です。とはいえ、幸福度向上に向けた取り組みは会社のパフォーマンスを向上させるためには欠かせない活動です。CHOは哲学者ではありません。幸福を巡る議論は、まさに現在進行形の混沌とした状況にありますが、わたしたちは身の回りの幸福度を高め、社員→会社→社会へと幸せな状態を広げていく他ありません。

第2章

ポジティブな感情は
仕事のパフォーマンスに影響する

「幸せ」って測れるものなの？

「幸せ」とはどんな状態なのか、その定義は人それぞれ。しかも売上や利益といったおカネ、あるいは残業時間や離職率といった時間は数字で表せる指標です。それに対して一見基準が曖昧な職場の幸福度を測るのは難しいのではないか、と感じられる読者も多いかもしれません。

しかし、いま政治や学問の世界では、この「幸福度」を測ろうという取り組みが相次いでいます。これらは必ずしも科学的な正確さを追求したものではありません。しかし、それでもおカネや時間とは異なる、「幸せ」を測定することの有用性が高い、ということの表れだとわたしは考えています。

ブータン王国のGNH（国民総幸福量）という指標をご存知でしょうか？　1970年代に国王が提唱したこの指標は、

2011年に国王・王妃の来日が大きく報道されたこともあり、「ブータンが世界一幸せな国である」というイメージを広げることになりました。

GNHは、わたしたちがよく目にするGDP（国民総生産）への批判から生まれた概念でもあります。先ほどの労働生産性のお話でも分子として登場した付加価値。GDPとは一定期間に国内で生まれた付加価値の総額を示したものです。

ところが、このGDPは単純に生産を合計したものですから、たとえば環境破壊によって将来の資源が損なわれることは考慮されていません。また、海外からの資本で生みだされた生産は、実際には外国の付加価値となるにもかかわらず、いったんその国のGDPとして計上されてしまいます。あまり正確ではなく、国の豊かさを測るのに適切なのか、という批判も近年高まっています。

そんな中、GNHが大きな注目を集めることになりました。これは５年ごとの国勢調査で、国民に「自分が幸せと感じているか」「幸せになるには何が必要か」といった質問を問い集計するものです。こういった動きはブータンだけで

GDPとHDIの比較

Ranking HDI	Ranking GDP per capita 2013 (2011 PPP$)	Country
1	6	Norway
2	15	Australia
3	8	Switzerland
4	14	Netherlands
5	9	United States
6	16	Germany
7	29	New Zealand
8	20	Canada
9	4	Singapore
10	18	Denmark
11	13	Ireland
12	17	Sweden
13	22	Iceland
14	27	United Kingdom
15	11	Hong Kong, China (SAR)

出所：Human Development Report をもとに作成

なく中国や、開発途上国などにも広がりつつあります。

　国の急速な成長に伴う、環境破壊や格差の拡大といった不幸が連鎖しないよう、統計にも幸福度を組み込むことが重要だという認識が共有されているのです。

　先進国においても、アメリカ・フランス・イギリスなどで同様の試みが続いています。ただ、石炭産業のような従来の産業にマイナスの影響が及ぶのではないか？　という懸念から導入への反対も根強く、まだGDPほどに普及・確立された指標は生まれていないというのが現状です。

　しかし、こうした幸福度を測ろうとする取り組みで見えてきたことがあります。

　それは経済的な豊かさが必ずしも幸福には直結しない、ということです。

　この表は、従来国の豊かさを示す指標とされてきたGDPとHDI（人間開発指数）を比較したものです。HDIは、平均余命・教育・所得といった指数から表されるもので、国連開発計画が発表しているものです。幸福度と完全に一致するものではありませんが、考え方は近いものがあると言えるでしょう。

この表を見比べても分かるように、GDPが高い国が必ずしもHDIで上位に来るわけではありません。逆もまた然りで、たとえばオーストラリアはGDPでは15位ですが、HDIでは2位になっています。

　しかし、GNHやHDIも幸福度を完全に指し示すものではありません。たとえば、GNHは主観的過ぎ、質問のしかたで結果が大きく変動するという問題点が指摘されています。またHDIは環境保護や経済格差といった側面が考慮されていないとして、これを改善しようという取り組みが続いています。

　とはいえ、それでもなお、おカネだけでなく、幸福度を測ることには意義がある、という点で識者の見解は一致しているのです。

　それは資本主義の拡大の反動から生じた世界が抱える様々な問題への対応を、いま政策に反映させるためには、多少乱暴でも数字でその度合いを示さなければならない、という危機感の表れでもあるでしょう。

　このことは、経済活動のひとつの単位としての「企業」へ視点を移しても同じことが言えます。もしあなたの会社

の業績が低迷していたり、社員の元気がなかったり、社会に対してプラスの影響を十分に与えられていない、といった課題があるとすれば、この幸福度の向上を図ることで、改善への道筋が見えてくるはずです。

研究が示す幸福度向上の有効性

　国という単位でも幸福度の重要度が高まる中、社員の幸福度を向上させることの意味はどこにあるのか？　それはずばり、業績向上につながる、ということです。イメージで述べているのではなく、これは様々な調査から既に実証が進んでいます。いくつかここでご紹介しましょう。

☆幸福度の高い社員の生産性は31％高く、創造性は3倍高い

☆幸せな気持ちで物事に取り組んだ人は、生産性が約12％上昇する

☆幸福度の高い医者は、そうでない医者と比較して平均して2倍のスピードで症状を分析し正しい診断を行う

☆幸福度の高い人は、視野の広い考えやアイディアを

> 思いつきやすくなる
> ☆ポジティブ感情を持った人は、視野が広く、情報処理能力が高くなる

　いかがでしょうか？　これらの調査結果からは、「幸福度が高い人ほど、生産性が高く、創造力に富む」ということが分かります。お医者さんが幸福であれば正しい診断ができる、というのは会社員であれば仕事上のミスも減る、と読み解くこともできそうです。

　日常的な個人の感覚からしても納得の結果ですが、こうやって数字やデータで示されると、普遍性のある原則だということが見えてきます。

　次のデータを見ていきましょう。

> ☆幸せな人は、健康、教育、政治、宗教などの組織で、チャリティや奉仕などのボランティアを行う傾向が高い
> ☆仕事を行う際にポジティブな感情を示す人は、親切で同僚を助けるなど、仕事上すべきこと以上の行動

をする傾向が高い
☆ポジティブな感情を示す人は、他の社員を助け、組織を守る傾向が高い

　これらの研究からは「幸福度が高い人ほど、他者を助け、組織を守る」という傾向が見てとれます。組織心理学の世界では「組織市民行動」と呼ばれ、自分の役割外の他者をサポートする行動を、幸福度が高い人ほどとる傾向にあります。

　このことは、特に職務範囲が日本よりも明確に定められ、成果主義が中心である欧米圏で強い関心を持って研究されています。

　以上のエビデンスからも、生産性が高く、しかも他者を助ける傾向も認められる「幸せな社員」が浮かび上がってきました。

　さらに「幸せな社員」は会社の業績向上にも貢献しているのだ、という研究結果もあります。

第2章 ポジティブな感情は仕事のパフォーマンスに影響する

> ☆楽観的な生命保険エージェントは、そうでない人と比較して売上が37％高い
>
> ☆人生満足度の高い従業員が働いている小売店の店舗面積利益は他店のそれより21ドル高く、小売チェーン全体では利益が3200万ドル増えている
>
> ☆人生満足度の高い社員は顧客から高い評価を得る可能性が高い

　こちらも一般的な感覚からも理解しやすい研究結果が並びますが、このように具体的に数字で示されると、「幸せな社員はこんなに業績に貢献するのか？」と驚かされるものがあります。実際、人材育成・人材教育の分野でも、ここまで目に見えて成果が上がるメソッドというのはそうそうありません。しかも、業種・業態に応じて人材関連のプログラムは様々なチューニングが必要ですし、指導もそれぞれに適した人物が行うことが求められます。

　しかし、幸福度を上げる、という取り組みは、先ほど述べたような文化からもたらされる多様性への対応の必要はあれど、業種や職種が異なっても大きな違いはありません。

幸福度を上げる取り組みは、業績を向上させる上でも非常にコストパフォーマンスがよいアプローチとも言えます。

　さらに研究結果を見ていきましょう。今度は「幸福度が高いリーダーは、組織として高いパフォーマンスを上げるだけでなく、そこで働く従業員の幸福度にも好影響を与える」というものです。

☆幸せなリーダーを持つサービス部門は、高いグループパフォーマンスを上げ、顧客からも高い評価を受ける

☆楽観的なCEOは、パフォーマンスが高く、経営する会社への投資のリターンも大きい

☆製造業においてポジティブな影響を与えるCEOがいる組織には、自分自身を幸せで健康的と評価した従業員が比較的多い

　以前に、「疲れは伝染する」という研究結果がネット上で話題になったことがあります。でも、それと同じように「幸せも伝染する」ということをここでしっかりと確認しておきましょう。組織のリーダーが幸せであれば、彼／彼

第2章 ポジティブな感情は仕事のパフォーマンスに影響する

女のもとで働く社員も幸せになり、顧客満足度も上がり、投資家も幸せになるのです。

そして、その疲れ・ストレスに対しても高い幸福度は有効です。「幸福度が高い人ほど、エネルギーに溢れ、ストレスからの立ち直りも早い」という研究結果をご紹介しましょう。

> ☆最も幸福な従業員は、最も幸福でない従業員より、活力を感じる時間が65％増える
>
> ☆幸福度の高い社員は、仕事への疲弊をあまり見せない傾向がある
>
> ☆ポジティブな感情を持つ人は、そうでない人と比較して、ストレスによって生じる身体的変化（血圧や心拍の上昇）から速やかに回復する傾向がある
>
> ☆ポジティブなムードで仕事をしている人は、仕事で燃え尽きにくい

日本でも「レジリエンス」（心の回復力）という言葉が浸透してきました。どうやったらレジリエンスを高めることができるのかを解説する様々な書籍も刊行されているので

すが、幸福度を上げれば業績が上がるだけでなく、レジリエンスも高まる、というわけです。

また「幸福度が高い人ほど、上司からの評価が高く、周囲からも好まれる」という研究もあります。

> ☆上司による仕事のパフォーマンス評価は、仕事への満足度とは相関しないが、幸福度とは相関する
> ☆幸せな人々は、周囲から、知的で有能であり、フレンドリーで温かく、利己的でなく、道徳的であると判断される

従業員満足度では、解決できない問題があります。それは会社に対する満足度が上がっても、生産性や創造性は必ずしも向上するとは限らない、ということです。たとえば、社員が会社の待遇に満足していることは、業績を上げていることとは直結しません。もしかすると仕事は楽なのにお給料がいいから嬉しいだけかもしれないわけです。

それに対して幸福度の高さは仕事のパフォーマンスと相関します。幸福とは満足よりも、より上位の概念であると

言えるかもしれません。

　つまり、自分の仕事ぶりが認められていること、周囲からよいサポートを得られていること、そして何よりも自分の人生の目的と、会社が目指すものが高いレベルで一致していることによる充実感が幸福感をもたらします。

　したがって、社員の幸福度が高ければ上司や周囲からの評価も上がる、ということなのです。

　たくさんのエビデンスを見てきました。最後に、その他の関連する項目も見ていきましょう。

☆人生満足度の低い従業員は、仕事を休んで家にいる時間が通常よりも月平均1.25日多い（年15日の生産性を損なっている）

☆ポジティブなムードで仕事をしている者は、離職率が低く、会社への報復的行動をしにくく、組織市民としての行動を行う

☆幸せな人々は、自身の仕事に満足する傾向が強い

これらも肌感覚としては「そうだろうな」と思うものばかりですが、統計的な裏付けを伴って示されると、幸福度を上げることが業績を上げるというポジティブな「攻め」の面だけでなく、会社から人が離れてしまったり、報復を考える社員が出てくることを防ぐ「守り」の面もあることが分かります。そして、最後に挙げた研究は、従業員の満足度を上げるのに幸福度向上が役立つことも示しています。

　2つのことを同時には行えないし、行うべきではないと戒める「息を吸いながら吐くことはできない」というフランス語のことわざがあります。

　会社経営でも明確な目的にフォーカスしなければ成果を上げることは難しいのです。社員の幸福度向上に、まずは取り組むことの重要性がこういった研究でも示されている、と言えるのではないでしょうか。

　これまで「幸せ」は抽象的な概念で、数値として測ることができない、と考えられてきたため、経営指標には組み込まれてきませんでした。

　しかし、先ほど見てきたように国という単位では幸福度で国力を測る指標にしようという取り組みが続いています。

第2章 ポジティブな感情は仕事のパフォーマンスに影響する

皆さんの会社を強くするためにも、幸福度を指標として取り入れ、その向上を図ることが極めて有効なのだ、ということがお分かりいただけたかと思います。

【この節のエビデンスリスト】

- Human Development Reports http://hdr.undp.org/
- The Benefits of Frequent Positive Affect:Does Happiness Lead to Success?:Lyubomirsky,King,Diener 2005
- New study shows we work harder when we are happy https://warwick.ac.uk/newsandevents/pressreleases/new_study_shows/
- Volunteer Work and Well-Being Thoits and Hewitt, 2001
- PsycNET Record Display - PsycNET http://psycnet.apa.org/record/1993-07683-001?doi=1
- Explanatory Style as a Predictor of Productivity and Quitting Among Life Insurance Sales Agents Seligman and Shulman, 1986
- Harvard Business Review2012年5月号「幸福の戦略」
- Leader Positive Mood and Group Performance: The Case of Customer Service George, 1995
- The relationship among CEO dispositional attributes, transformational leadership behaviors and performance effectiveness: Pritzker, 2002
- Happiness at Work: Maximizing your Psychological Capital for Success, Jessica Pryce-Jones
- Donovan, 2000
- Psychological Well-Being and Job Satisfaction as Predictors of Job Performance:Wright and Cropanzano 2000
- Connolly&Viswesvaran、2000; Tait, Padgett, &Baldwin, 1989; Weiss, Nicholas, &Daus, 1999
- 『幸福優位7つの法則』ショーン・エイカー著
- 米ギャラップ社による調査結果
- 米ギャラップ社と米ヘルスウェイズ社による共同研究結果（2008）

第2章 ポジティブな感情は仕事のパフォーマンスに影響する

幸福優位の法則

　ここまで本書を読み進めてきても、「いや、社員が幸せなのは業績が上がっているからでしょう。まず業績を上げるためには幸福度の向上なんて後回しにしないといけないのではないか」と考える読者の方もまだいるかもしれません。

　先ほどの研究成果の参考文献にも挙げた『幸福優位7つの法則』という本があります。ハーバード大学で「ポジティブ心理学」を教えていたショーン・エイカー氏が記したもので、「幸せは成功に先行する」ということがよく分かる内容になっています。

　ポジティブ心理学とは、それまで精神疾患などのネガティブな現象に着目して研究が行われがちだった心理学に対して、卓越した創造性や知的能力や優れたセンスなどがど

のように生まれ発揮されるのか、といったポジティブな側面に光をあてて研究を行うことを目指しています。

　ポジティブ心理学は、「ポジティブシンキング」とは異なる点にも注意が必要です。何事も前向きに捉えたり（エイカー氏はこれを「ハッピーフェイスのお面をかぶる」と表現しています）、あたかも問題が存在しないかのように振る舞うことをよしとするものではないのです。いわゆる自己啓発ではなく、あくまでも心理学という科学的なアプローチを伴って研究されてきたものなのです。

『幸福優位７つの法則』でも繰り返し指摘されているのは、業績を上げるといった成功によって得られる幸せは一過性のものに過ぎない、ということです。

　皆さんの中にも経験がある人は多いと思いますが、たとえば会社やチームの業績が上がったときに、ボーナス支給などのインセンティブが与えられたとします。

　おそらくその瞬間と、そのボーナスで旅行に行ったり買い物をしたりする数週間は幸福感に包まれたはずです（これをハネムーン効果と呼んだりします）。

　しかし、その幸せは長続きするでしょうか？　次にまた

第2章　ポジティブな感情は仕事のパフォーマンスに影響する

インセンティブを得るには、さらに頑張らなければなりません。もし、達成できなければボーナスではなく降格が待ち受けているかもしれません。このように成功とそのインセンティブから生まれる幸せは、すぐに不安に転化してしまいがちなのです。

　もちろん成功そのものを否定するものではありません。ただ重要なのは、成功によって得られる金銭や役職といった物理的なインセンティブが幸せをもたらすのではなく、周囲から認められたり、讃え合える関係性からもたらされる幸福感が重要なのです。

　さらに『幸福優位7つの法則』では、「幸福度が高かった社員の方が、そうではない人たちよりも18カ月後によい評価を得ていて給料も高かった」、あるいは「大学1年生のときの幸福度によって、その時点で裕福かどうかにかかわらずその学生の19年後の収入が予想できる」といった研究成果が紹介されています。

　幸福度と健康についてはすでに皆さんもニュースなどで目にしていると思います。幸福を感じる方が人間の心身は健康でいられます。それと同じように、ビジネス上の成功

も幸福からもたらされるのです。

「努力→成功→幸せ」というのはもはや古い考え方で、「幸せ→努力→成功」である、という見方の方がより科学的であるのです。

ポジティブ心理学がここ20年余りで急速に注目されるようになった背景には、脳科学の飛躍的な進歩があります。それまで解明されてこなかった脳の働きが徐々に明らかになるにつれ、「人間の脳は、環境や訓練によってその機能が拡張される」ということが実証されるようになってきたのです。

逆に言えば、ネガティブな感情に支配されると脳はその活動の幅を絞り込むようにできていることも明らかになっています。

これは、かつては捕食される側だった人間にとって、野生動物から襲われるといった危機を感じると、「戦う」か「逃げるか」といった思考の選択肢を絞り込むことによって素早く（本能的に）行動できるようになっている名残であるとも言われています。

しかし現代においては、ネガティブな感情に支配されて

いると思考の幅が狭まってしまうことは、かえって行動の自由度を下げ、変化に対応できず、ますます困難な状況に追い込まれることにもなりかねません。

　先ほどの研究成果も端的に言えば科学的に見て幸福を感じている脳は、その能力が高まり、よい結果がもたらされる可能性が向上する、ということなのです。

　もちろん、そこには環境の変化や訓練＝努力が必要である、というのも見逃せないポイントです。ポジティブ心理学に基づく幸福度向上への取り組みは、「ポジティブな介入」と呼ばれるほど具体的で実践的なアプローチが求められます。

　幸福度が高い職場は、クリエイティビティが高いという確証があるからこそ、グーグルなどの先進的な企業では、会社にゲーム機を置くなど社員が楽しめる仕掛け作りにあれだけの投資を行っているのです。

　わたしたちアイディール・リーダーズが、独自のプレミアムフライデーを行っているのも、もちろん見識を広げたいという狙いもありますが、何よりも楽しむことでわたしたち自身の能力も拡張されるということを身をもって示し

たいという思いもあります。

　ここまで見ていただくと、ビジネスの成果は幸せな社員が生みだす、ということが分かっていただけたかと思います。P.44で示したアンケートなども用いながら幸福度を確認していくとよいはずです。

　社員の幸福度が十分に高い場合は、更にその幸福度を高め生産性を向上させ、イノベーションを促進する施策を打つ余地があります。逆に幸福度が低い場合は、会社と社員の目的が一致しているか、そこにズレがないかを確認し改善を図っていく必要があるのです。そのための手法についても本書の中で詳しくみていきましょう。

コラム
習慣化できる「小さな幸せ」の積み重ね

「幸福が成功に優先する、ということは分かった。でもグーグルのようなオフィス構築の投資もできないし、アイディール・リーダーズのようなオリジナル版プレミアムフライデーなんてすぐには導入できないよ」と言う方もおられるでしょう。

でも幸福度の向上に向けた取り組みは、そういった「跳躍」を必要とするものばかりではないのです。

第1章で例に挙げた「感謝の気持ちを伝える」(P.45)という取り組みを思い出してください。全社的な取り組みである必要もなく、たとえばプロジェクトチーム単位でスタートできるものです。必要なのは、カードと封筒と……あとそれを貼り出す壁も必要ですね！ 1時間もあれば準備ができて、しかも効果は職場の空気がよくなり、幸福度が上がるという具合にてきめんに表れるはずです。

最近では社員の誕生日を皆で祝う、という会社も増えてきました。お祝いされて嬉しくない人はいません。業績とは関係なく、1年に一度必ず訪れる幸福度向上の機会を逃す手はないでしょう。

　挨拶などのちょっとしたコミュニケーションをとっても、組織の風土を変え、幸福度向上につなげることができます。

　アイディール・リーダーズでは「お疲れ様です」という挨拶をしません。

　仕事は楽しむもの。なのに、「疲れている」ことを前提に相手を労うのってちょっとヘンだとは思いませんか？

　もちろん徹夜自慢なんてもっての他です。

　わたしは「仕事、楽しんでる？」「楽しんでます！」とやりとりするようにしているのですが、ときどき相手を戸惑わせてしまうことがあります。

　眉間のしわをとっていくのと同様に、広げていきたい挨拶のひとつです。

　心理学の世界でも、こういった「ちょっとしたこと」が人間の気持ちに変化を与えることが実証されています。そしてポジティブ心理学によれば、ポジティブな脳は高いパフォー

マンスを生理的に生みだす確率が高いそうです。大がかりな取り組みでなくてもパフォーマンスが上がるのであればやらないのは損ですよね。

『幸福優位７つの法則』の著者ショーン・エイカー氏は、膨大な研究結果に基づく、「具体的で、行動に移すことができ、効果が実証済み」の７つの法則を以下のように記しています。どうしたらポジティブで幸福な脳になれるのか？　ということに関心のある方は、こちらを参考にしていただくことをおすすめします（以下、そのまま引用します。詳しくはぜひ本書を一読してみてください）。

法則1 ハピネス・アドバンテージ

　ポジティブな脳は、平常時の脳やネガティブな脳に比べて、生物学的な優位性を持つ。この法則から、脳を再訓練して積極性を高めることで、生産性や業績を改善する方法が学べる。

法則2 心のレバレッジ化

　自分のおかれた状況をどのように経験するか、またその中

で成功できるかどうかは、マインドセット、すなわち心の持ちようによって絶えず変化する。この法則から、幸せと成功をもたらす「てこの力」が最大になるように心の持ちよう（てこの支点）を調整する方法が学べる。

法則3 テトリス効果

ストレスや悪いことや失敗にばかり注目するパターンが脳の中にできあがってしまうと、挫折への道に自らを追い込むことになる。この法則から、脳を再訓練して肯定的なパターン（ポジティビティ）をさがせば、どんな状況からもチャンスが見いだせるということが学べる。

法則4 再起力

挫折やストレスや困難のさなかでも、人の脳はそれに対処するための道を考え出す。失敗や苦難から立ち直るだけでなく、その経験があったからこそ、より幸せになり成功をつかめる道を見いだせるということがこの法則から学べる。

法則5 ゾロ・サークル

大きな試練に圧倒されると、理性が感情に乗っ取られてしまう。まず達成可能な小さなゴールに注目してコントロール感覚を取り戻し、それから徐々に範囲を広げて大きなゴールを達成する方法を、この法則から学ぶことができる。

法則6 20秒ルール

人間の意志の力には限界がある。いい方向に変化してもそれを持続させることは難しい。意志の力が尽きれば、もとの習慣あるいは「最も抵抗の少ない道」にずるずると戻ってしまう。この法則から、エネルギーの調整によって、別の道を「最も抵抗の少ない道」にし、悪しき習慣をよい習慣に置き換える方法を学べる。

法則7 ソーシャルへの投資

試練とストレスに見舞われると、身を丸めて自分の殻の中に閉じこもってしまいがちだ。しかし最も成功している人ほ

ど、友人、同僚、家族との人間関係を大事にして、それを推進力としている。この法則からは、成功と卓越をもたらす大きな因子、人のネットワークにもっと投資する必要があることを学べる。

第3章

個人にとっても組織にとっても
「Purpose」が起点となる

幸福の起点は個人がPurposeを持つこと

　第2章ではビジネスの成果は「幸せな社員」が生みだす、ということを見てきました。一見、抽象的な概念に見える「幸福」も、ある程度測定が可能であり、その向上は確実に会社の業績にプラスである、ということもお分かりいただけたと思います。

　では、具体的に幸福度を上げるためには、まず何から取り組めばよいのでしょうか？

　わたしは幸福度向上の起点は個人が明確な「Purpose」を持つことだ、と考えています。

　「Purpose」＝目的、ですね。なんだ、そんな簡単なことか、と思われるかもしれません。

　でもこう聞かれたらどうでしょうか？

第3章 個人にとっても組織にとっても「Purpose」が起点となる

「あなたの人生の目的は何ですか？」
「その目的はあなたが大切にしている価値観に沿っていますか？」
「あなたの存在によって他人や社会はどのようなメリットがありますか？」

　アイディール・リーダーズが考えるPurposeとは、単純な目的ではなく、「存在意義」を表しています。Purposeには、個人のものと、組織のものがありますが、個人のPurposeには、以下の2つの要素が含まれている必要があります。

1．自身が大切にする価値観に沿っている
2．社会的意義が含まれている

　たとえば「よく働き、高い年収を得る」という目的は個人の目標としてはよいですが、わたしたちが考えるPurposeとは違います。自身の価値観に沿っているか？　あなたが高い年収を得ると社会にはどんないいことがあるのか？

個人のPurpose

ミレニアル世代の仕事に対する動機付け要因

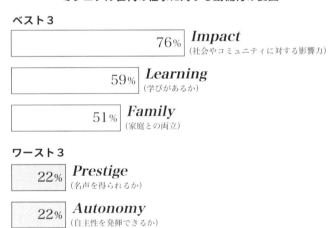

出所：ATD国際会議「Motivating Millennials: New Research into Unlocking Their Passions」の資料をもとに作成

といった問いに答えられなければいけません。

　全世界85万人を対象に行った左頁の調査では、ミレニアル世代（1982年から2000年生まれ）の仕事に対する動機付け要因の1位は、「Impact」があるかどうか、すなわち、社会やコミュニティに対してよい影響が与えられるかどうかにある、という結果がでています。

　また、ハーバード大学の卒業式で、ザッカーバーグ氏もミレニアル世代は当然のように個人のPurposeを持っていると言っています。

　多くのミレニアル世代は自分の仕事に社会的な意義や自分としての意義を見いだしたいと考えています。収入や地位よりもそうした意義を大切にする人も多いのです。またミレニアルより上の世代であっても、そうした意義がある方がモチベーションが上がるでしょう。まさにわたしたちが提唱するPurposeは社会的意義や自身の価値観を表現したものなのです。「Purposeに沿った人生が幸せをもたらす」と言ってしまってもよいと思います。

組織においてもPurposeが重要

　組織においてもPurpose＝存在意義が重要です。Purposeがあることにより、組織においては一貫性のある戦略が描かれ、一体感が生まれます。また、Purposeに共感した社員が高いモチベーションでその能力と創造性を発揮することにより、大きな価値が生まれます。さらに、Purposeから生まれた商品・サービスは顧客の共感や支持を生み、それが売上や利益となり、企業の持続的な繁栄をもたらします。

　組織のPurposeも個人のPurposeと同様、「その組織の価値観」と「社会的な意義」を含むことが不可欠です。しかし、「社会的な意義」については、多くの組織で具体的に表現されていないことが多いとわたしたちは考えています。

　経団連では2017年11月に「ソサイエティ5.0」の実現を

組織のPurpose

通じたSDGs（持続可能な開発目標）の達成を柱として、「企業行動憲章」を改定しています。そこでは、企業倫理や社会的責任（CSR）を超えて、持続可能な社会の実現を牽引するのが企業の役割であることが明示されています。

それを受けて、現在、一部の先進的な企業では持続可能な経済成長と社会的課題の解決を企業の目的とするために、SDGsと自社の経営を関連づける動きを進めています。

企業行動憲章
―持続可能な社会の実現のために―

　　　　　　　　　　　　　　　　一般社団法人 日本経済団体連合会
　　　　　　　　　　　　　　　　1991年9月14日　制定
　　　　　　　　　　　　　　　　2017年11月8日　第5回改定

　企業は、公正かつ自由な競争の下、社会に有用な付加価値および雇用の創出と自律的で責任ある行動を通じて、持続可能な社会の実現を牽引する役割を担う。そのため企業は、国の内外において次の10原則に基づき、関係法令、国際ルールおよびその精神を遵守しつつ、高い倫理観をもって社会的責任を果たしていく。

〔持続可能な経済成長と社会的課題の解決〕
1．イノベーションを通じて社会に有用で安全な商品・サービスを開発、提供し、持続可能な経済成長と社会的課題の解決を図る。

〔公正な事業慣行〕
2．公正かつ自由な競争ならびに適正な取引、責任ある調達を行う。また、政治、行政との健全な関係を保つ。

〔公正な情報開示、ステークホルダーとの建設的対話〕
3．企業情報を積極的、効果的かつ公正に開示し、企業をとりまく幅広いステークホルダーと建設的な対話を行い、企業価値の向上を図る。

〔人権の尊重〕
4．すべての人々の人権を尊重する経営を行う。

〔消費者・顧客との信頼関係〕
5．消費者・顧客に対して、商品・サービスに関する適切な情報提供、誠実なコミュニケーションを行い、満足と信頼を獲得する。

〔働き方の改革、職場環境の充実〕
6．従業員の能力を高め、多様性、人格、個性を尊重する働き方を実現

する。また、健康と安全に配慮した働きやすい職場環境を整備する。

〔環境問題への取り組み〕
7. 環境問題への取り組みは人類共通の課題であり、企業の存在と活動に必須の要件として、主体的に行動する。

〔社会参画と発展への貢献〕
8. 「良き企業市民」として、積極的に社会に参画し、その発展に貢献する。

〔危機管理の徹底〕
9. 市民生活や企業活動に脅威を与える反社会的勢力の行動やテロ、サイバー攻撃、自然災害等に備え、組織的な危機管理を徹底する。

〔経営トップの役割と本憲章の徹底〕
10. 経営トップは、本憲章の精神の実現が自らの役割であることを認識して経営にあたり、実効あるガバナンスを構築して社内、グループ企業に周知徹底を図る。あわせてサプライチェーンにも本憲章の精神に基づく行動を促す。また、本憲章の精神に反し社会からの信頼を失うような事態が発生した時には、経営トップが率先して問題解決、原因究明、再発防止等に努め、その責任を果たす。

出所：日本経済団体連合会のサイトをもとに作成

「企業行動憲章」では「持続可能な経済成長と社会的課題の解決を図る」ことが冒頭に挙げられています。従来の「売上〇％アップ」といった会社の業績に関する目標だけでなく、社会との関係を意識したPurposeを掲げることが要請されていると言ってよいでしょう。

Purposeの重なり合いが幸せと生産性を生む

　このように社会的な意義も兼ね備えた組織のPurposeと個人のPurposeとに重なりが多い方が、個人も幸せで、組織の生産性が高まります。

　たとえば、わたしたちアイディール・リーダーズのメンバーは、それぞれPurposeを持ってここに集ってきています。わたしの場合は「幸せに働く人で溢れる世の中をつくる」ことです。代表の永井は「世界平和とイノベーション」をPurposeとして持っています。皆のPurposeと、会社のPurposeの重なり合う部分が、事業（仕事）として形になっています。
　アイディール・リーダーズでは、「人と社会を大切にする会社を増やします」というPurposeを掲げています。こ

第3章 個人にとっても組織にとっても「Purpose」が起点となる

組織のPurposeと個人のPurposeの関係

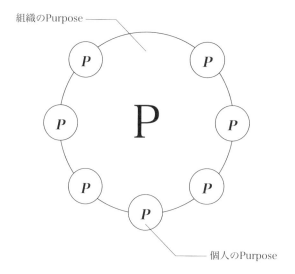

のPurposeは、メンバーそれぞれのPurposeとしっかり関係がありますから、仕事をするとき、わたしたちもそこに意義を見いだすことができるわけです。自分のPurposeと紐付いていて、意義を見いだすことができることで、その仕事に対するモチベーションが上がり、結果として成果を残すことができる、ということになります。

もし、あなた個人やあなたの会社のPurposeが明確でなければ、まずはそれを明確にすることが必要です。

　たとえば、アイディール・リーダーズが手がける「エグゼクティブコーチング事業」は、経営者がPurposeを明確にし、社員や社会との関係の中でやりたいことや逆にやらない方がよいことを明らかにすることで、会社・社員・社会の幸福度の向上を目指しています。

　その他の方法については第6章で紹介していきます。

「ティール組織」でも強調される重要性

　先の章でご紹介した『ティール組織』では、人類の歴史も紐解きながら組織の進化の段階を解き明かし、組織構造や慣例を取り払った新しい組織の姿を提示しています。

　個人の衝動や、リーダーに対する畏怖、秩序や統制によって動かされる組織（レッド〜アンバー）から、経営目標の実現のために経営資源として人材を捉え、さらには彼らに権限を与える組織（オレンジ〜グリーン）へと進化していることを示しています。人類の原初の組織から現代の最先端の組織までの変遷を「色」に例え解説しています。

「働き方改革」や「ダイバーシティの重要性」などのコンセプトは、この進化の段階にあてはめれば、「グリーン（多元型）組織」に該当しますが、その実現に向けわたしたちはいままさに議論し、また様々な課題にも直面している状

ティール組織

⑦ **進化型 ティール**
変化の激しい時代における生命型組織の時代へ。自主経営(セルフ・マネジメント)、全体性(ホールネス)、存在目的を重視する独自の慣行。

⑥ **多元型 グリーン**
多様性と平等と文化を重視するコミュニティ型組織の時代へ。ボトムアップの意思決定。多数のステークホルダー。

⑤ **達成型 オレンジ**
科学的、イノベーション、起業家精神の時代へ。「命令と統制」から「予測と統制」。実力主義の誕生。効率的で複雑な階層組織。多国籍企業。

④ **順応型 アンバー**
部族社会から農業、国家、文明、官僚制の時代へ。時間の流れによる因果関係を理解し、計画が可能に。規制、規律、規範による階層構造の誕生。教会や軍隊。

③ **衝動型 レッド**
組織生活の最初の形態、数百人から数万人の規模へ。力、恐怖による支配。マフィア、ギャングなど。自他の区分、単純な因果関係の理解により分業が成立。

② **神秘的 マゼンタ**
数百人の人々で構成される種族へ拡大。自己と他者の区別が始まるが世界の中心は自分。物事の因果関係への理解が不十分で神秘的。

① **無色**
血縁関係中心の小集団。10数人程度。「自己と他者」「自己と環境」という区別がない。

出所:『ティール組織』フレデリック・ラルー著 鈴木立哉訳 英治出版 2018

況である、と言えるでしょう。

　そして、現状もっとも進化した組織のあり方として提示されているのが、「ティール（進化型）組織」です。グリーン組織の更に先にある組織として、『自主経営（セルフ・マネジメント）』『全体性（ホールネス）』『組織の存在目的』の３つのポイントが挙げられています。

　この組織では、リーダーや管理者は存在せず、もはや上司・部下の関係すらなくなるとされています。

　働く人一人ひとりに意思決定の権限・責任があり、決裁や承認といったプロセスもなくなります。グループウェアやリモートワークなどのＩＴソリューションを使いこなすことが前提となりますが、意思決定・市場の変化への対応が極めて早く、競争力のある次世代型の組織の姿だと言うのです。

　実はそこでもPurposeの重要性が言われています。社員一人ひとりが「自主経営（セルフ・マネジメント）」を行いながら、組織としての「全体性（ホールネス）」を保った経営が行われるには、会社と社員が「組織の存在目的」を共有している必要があるからです。

ティール組織では「組織の存在目的」とは「Evolutionary Purpose」であるべきだ、すなわち「組織のメンバーは将来を予言し、統制しようとするのではなく、組織がどうなりたいのか、どのような目的を達成したいのかに耳を傾け、理解する場に招かれる」とされています。

第3章 個人にとっても組織にとっても「Purpose」が起点となる

脳科学における幸せとPurpose

『ティール組織』では、人類の進化という観点からPurposeの重要性が示されました。実は近年の脳科学の研究からも、Purposeの重要性が指摘されています。

Purposeを認識すると、人間の脳は、ドーパミンと呼ばれる神経伝達物質を分泌します。ドーパミンは、「何かを手に入れること」と関連した物質で、たとえば願望を抱いたり、探求をしたり、好奇心を持つと生まれ、何かアクションを起こす際の動機を呼び覚ますとされています。

誰もが「やらなければいけないことは分かっているのに、なんだかやる気がでない」という状態に悩まされたことがあると思います。その原因は、ドーパミンが出ていないからだと言い換えることもできるわけです。

そして、そもそもの根源は「それを達成した状況を、本

心から望んでいない。つまり脳内にドーパミンが溢れ出る状態になっていない」ことにあるわけです。人間も動物ですから、生理的に必要な物質が脳内になければ、行動を起こすことができません。だからこそ、まず本当の「Purpose」を発見することが欠かせないのです。

　さらに、ドーパミンは「脳内麻薬」とも呼ばれるほど、強い多幸感＝幸せな気分をもたらします。Purposeを明確に認識し、それを手に入れようとして、ドーパミンが分泌され、「幸せ」を感じる。

　幸せをさらに味わうために、よりPurposeを強く認識して、その実現を目指す、というポジティブなループに入ると、個人も組織も思ってもみないパフォーマンスを上げることになるのです。

ミッションとはどう違うのか？

「あれ？ でもちょっと待って。うちの会社には既に『ミッション』や『行動指針』や『ビジョン』があるけど、Purposeはそれと何が違うの？」と思われた方もいるかもしれません。

ミッションとPurposeはとても近いものです。ただし、わたしたちがわざわざPurposeという言葉を使っているのは、より本質的・根源的な存在意義を追求する必要がある、と考えているからです。

たしかに、ミッションステートメント（社是・経営理念）を掲げる会社は数多くあります。しかし、そのステートメントは皆さんにとって「自分ごと」となっているでしょうか？

たとえば、あなたの会社のミッションステートメントが

「豊かな社会を実現する」というものであったとしましょう。でも、「豊かな社会」とはどんな社会でしょうか？　またあなたはどのようにその「実現」に貢献できるのでしょうか？　そもそも、あなたが人生で一番やりたいことは「豊かな社会を実現する」ことでしょうか？

　ミッションステートメントはその名の通り「理念」であり、とても重要なものなのですが、残念ながら社会的な意

Purpose・行動指針・Visionの関係

〈将来〉
Vision
我々は、どこへ向かうのか

〈日々の取り組み〉
行動指針
何を大事にして行動するのか

〈現在〉
Purpose
我々は何のために存在しているのか

出所：アイディール・リーダーズ作成

義が具体的に表記されていなかったり、そこで働く人一人ひとりにとっての「自分ごと」として捉えられる内容になっていないケースが多いのです。

一方、Purposeは「あなたは何のために生きているのか？」「この会社は何のために存在しているのか？」といったより根源的な問いに、端的に答えるものなのです。

Purpose（≒Mission）・行動指針（≒Value）・Visionの3者の関係を図にすると以下のようになります。

たとえば、わたしは本書の冒頭でも書いたように「世の中の働く人の眉間のしわをとって、幸せに働く人で溢れる世の中をつくりたい」と真面目に考えています。人々が楽しく幸せに働くことこそが、世の中をよくすると信じているからです。これがわたしの生きる目的（Purpose）となっています。

そしてわたしがCHOとして働くアイディール・リーダーズは、「人と社会を大切にする会社を増やします」というPurposeを掲げています（アイディール・リーダーズの企業サイトより）。

企業で働く人が幸せになれば、企業活動を通じて社会が

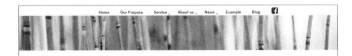

出所：アイディール・リーダーズの企業サイトより

よりよいものになり、その結果企業もより発展するとアイディール・リーダーズでは考えています。会社のPurposeは、わたし個人のPurposeとも一致する部分が大きく、だからこそわたしは毎日やりがいを感じながら働くことができています。

つまり、ミッションステートメントに掲げられたミッションは、会社の理念を高く掲げるものであり、社会からの共感・リスペクトを得るにはとても有効なのですが、そこで働く人々にとっては、どこか「他人ごと」のように感じられてしまい、せっかくの理念が社員一人ひとりの行動に反映されていないことが多いのです。

ミッションと同様、企業が提示する「ビジョン」についても同じことが言えます。ビジョンとは、企業の理念が実現した結果の具体的なイメージを明文化したものですが、いくら素敵なビジョンを描いても、社員にとって自分ごとになっていなければ、まさに「絵空事」になってしまいます。

したがって、より根源的な「Purpose」こそが、会社と個人の幸せにとっても重要なのです。理念を掲げることに

比べると、Purposeを明確にし、個人と会社のレベルでの合致点を見いだすことは、実は労力が必要とされる作業です。そのうえ、合致点が見いだせない、という結果に終わってしまうことすらあります。しかし、仮にそうだとすれば、組織にとっても個人にとっても幸せではありません。そして幸せでなければパフォーマンスも上がりませんから、互いに他の場所・人材を求めた方がよい、という判断に至ることすらあり得るのです。

　次世代の組織像、ティール組織では「組織の存在目的」が重要だとされています。これまでの組織のあり方では、ビジョンやミッションがある意味「上意下達」で「与えられ」ていても大きな問題にはなりませんでした。

　しかし、複業（副業）も認める方向に舵を切った「働き方改革」に象徴されるように、これから組織と個人の関係が大きく変化していきます。

　Purposeを「自分ごと」として組織と個人とが共有できているかどうかが、いままで以上に問われるようになるのです。

第4章

Happiness at Workという考え方

デンマークには「仕事における幸せ」を表す単語がある

　従業員満足度のような考え方に比べて、まだまだ歴史の浅い幸福度追求の取り組みですが、これからの数年でその認知度は飛躍的に高まるはずです。とはいえ、まだ本書でも「仕事における幸福度」という具合に一言では表記できないのが、なかなか悩ましく、何かよい単語が生まれてほしいところです(仕事幸福度とか、労働幸福度というのも何かヘンですよね?)。

　英語でもHappiness at Workと表現されており、ひとつの単語ではまだこの概念を表せません。社会での認知度や必要性が高まれば、恐らくひとつの単語として扱われる言葉が生まれてくるはずです。

　実はデンマークには、「Arbejdsglæde」という言葉があります。仕事における幸せではヨーロッパ、北欧圏は特に

進んでいるというのはよく知られていますが、こんなところにもその表れがあるのです。

たとえば、デンマークの社員数300名の小さな銀行ミドルファート・セービングス・バンク社では、社員を信頼し、徹底した権限委譲をすすめることで、ヨーロッパの働きたい会社ランキング「Great Place to Work」でトップを4回も獲得しています。

勤務時間規定やドレスコードもなく、社内の交流会などにも予算の上限は定められていません。このような取り組みや意識醸成をすすめるために、全社員がコーチングやリーダーシップ開発セミナーを受講しているのも特徴です。

アメリカはどうなのかと言えば、特にエグゼクティブ層では長時間労働が当たり前になってしまっている実情があると言われています。

日本はどうでしょうか？

わたしは先日、Happiness at Workを学ぶワークショップに参加するためにアメリカへ出張したのですが、そこで日本の状況について、あるキーワードが紹介されました。

それは、「過労死」です……。オーバーワークという言葉は一般的な英語ですが、それでも定時には帰宅して家族との時間を過ごすというライフスタイルは定着しています。働き過ぎで亡くなってしまう、という状況そのものを他のセミナー受講者に理解してもらうのに苦労しました。こういう不名誉な言葉ではなく、「仕事における幸せ」を示す日本語が海外でも紹介されるようにわたしも取り組んでいきたいと思います。

第4章 Happiness at Workという考え方

アイディール・リーダーズが考える「仕事における幸せ」とは

仕事における幸せとは何か？　それがどのような要素で構成されるのかは、後の対談で登場する前野教授をはじめ、様々な方による研究が進められている段階です。

とはいえ、Chief Happiness Officer（CHO）としては「仕事における幸せとはこのような条件が整った状態だ」というイメージは持っておく必要があります。ここからはアイディール・リーダーズが考える「仕事における幸せ」を形作る以下の4つの要素を解説していきます。

Purpose（パーパス＝存在意義）

Authenticity（オーセンティシティ＝自分らしさ）

Relationship（リレーションシップ＝関係性）

Wellness（ウェルネス＝心身の健康）

これらの要素を文章で表すと「自分が意義を感じられる仕事を、自分らしく、周囲とよい関係を築きながら、実現できること。そのための土台として心身の健康が備わっていること」となります。

　それぞれが何を指しているのかはこの後詳しく見ていきますが、CHOにとって忘れてはならない4要素となります（忘れないように、頭文字をとってPARWといった具合に覚えておくとよいでしょう）。

◆Purpose（パーパス＝存在意義）
　第3章で詳しく述べたように、「仕事における幸せ」の起点となります。

　個人のPurposeと会社のPurposeに重なる部分があり、それが大きいことが望ましい状態で、CHOはまず会社と個人のPurposeを「見える化」しなければなりません（そのための具体的な手法は第6章でご紹介します）。自分たちが本当は何を望み、目的としているのかは、実は当事者でも本質的な理解に達していないことが多いからです。

　会社と個人のPurposeが完全に一致している必要はあり

ませんが、一致度合いが大きい方が望ましく、Purposeを明らかにしていく過程で、自分では気づいていなかった重なりを再認識することもあります。逆に、実は会社と個人のPurposeが大きくずれていた、ということに気づいてしまうこともあります。後者の場合は、第3章で述べたように働く場所を替えた方が個人と会社の互いのためによい、ということすらあり得るのです。

◆Authenticity（オーセンティシティ＝自分らしさ）

　自分の強みを活かし、自分らしく仕事が行えること。また仕事の進め方に自由度があって、ある程度のコントロール権があることが「仕事における幸せ」には欠かせません。明確になった会社のPurposeを理解し、個人のPurposeと重なり合う部分を実現していく際、自分の強みを活かせる方がパフォーマンスは上がり、幸福度も向上することになります。

　自分らしく、自分の強みを活かす機会を与えられると、意欲・生産性・QOL（クオリティ・オブ・ライフ）が大きく向上することもデータによって明らかになっています。

従業員エンゲージメント調査

米ギャラップ社で過去10年以上に渡り、全世界1000万人以上を対象に行っている「従業員エンゲージメント」調査において、以下のことが明らかになっている

> 仕事において**毎日自身の強みに取り組む機会のある人や、毎日メンバーが自身の強みに集中しているチーム**は、ない人／チームと比較して以下の傾向がある

「意欲的かつ生産的に仕事に取り組む」と回答	→	6倍
「生活の質がとても高い」と回答	→	3倍以上
チームの生産性	→	＋12.5％

出所：米ギャラップ社の調査結果をもとにアイディール・リーダーズが作成

　自分らしさを活かすことを企業風土にまで高め、業績を大きく向上した事例としてよく挙げられるのが、北米でEC事業を展開するザッポスです。現在はアマゾンに買収されるも、独自の文化を維持した経営を行っており、フォーチュン誌「働きがいのある企業100社」にも選ばれています。

　新規顧客獲得のうち口コミによるものが43％、リピー

ト率は75％という驚異的な数字で知られる同社の社員には、「顧客を幸せにするために、自分が必要だと判断するあらゆることを、自分の裁量で実行する権限」が与えられているのです。同様の取り組みはザ・リッツ・カールトンやパタゴニアなどでも行われ、社員の幸福度向上と業績向上につながっています。

　また、こういった裁量は「ワークスタイル」にも及びます。本書の第5章でもお話を伺うユニリーバ・ジャパンの島田さんがスタートさせたWAA（Work from Anywhere and Anytime）に代表されるように、自分のリソースや能力を発揮するためには、いつ、どこで、どのように働くかも自分で選べることが望ましいのです。

　アイディール・リーダーズでも、多様な働き方を推進しています。フルタイムのメンバーだけでなく、週3日社員や、プロジェクト単位でコワーク（協働）するパートナー、学業と両立するメンバーや在宅勤務のメンバーなど、それぞれの希望やライフスタイルに合わせて働けるようにしていることで、多くの優秀な人材が集まり皆がハッピーに働いていると実感しています。

◆Relationship（リレーションシップ＝関係性）

　組織の中での関係性がよいものであることも「仕事における幸せ」には欠かせない要素です。一緒に働く人々とよい人間関係を築き、協力して働けること。組織に対して心理的安全性を感じられること。周囲の人から気にかけられている、大事な存在とされていると感じられることは、幸福度の向上に大きくつながります。

　実はこの関係性も、脳内物質と大きく関係しています。神経伝達物質「オキシトシン」がそれです。オキシトシンは、絆・共感・信頼・愛といった感情と紐付いています。この物質が分泌されると、ストレスが緩和され「幸せ」な気分をもたらすとされているのです。

　職場においてよい関係性を築くためには、相互理解とよいフィードバックが行われていることが重要となります。

　職場では日々、面談といった形式をとるものから報告や提案を受けたときの反応など、上司から部下へのフィードバックが行われています。その際、「部下の強み」を活かすフィードバックを心がけているかどうかは、チームやそのメンバーの生産性・収益性を大きく向上し、離職率も大

第4章　Happiness at Workという考え方

強みに関する調査

上司が、部下の強みを活かすためのコーチングを受けているチームは、そうでないチームと比較して、以下の傾向が見られる

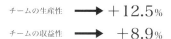

また、**強みに関するフィードバックを得ている人**は、そうでない人と比較して、以下の傾向が見られる

出所：米ギャラップ社の調査結果をもとにアイディール・リーダーズが作成

幅に下がることが明らかになっています。

　また、よい関係が構築されるには、声をかけたり、挨拶をしたりといったところからのコミュニケーションの質と量が十分にあることが大前提となります。日本では特に表立って「感謝」を伝えることがどこか気恥ずかしい、苦手だという人も少なくありませんが、あらゆるアイディアを

121

使って、ポジティブフィードバックを欠かさないことも大切です。

その上で、お互いの強みや特性、価値観を理解するプロセスが用意されていることが望ましいのです。そうすることで、相互に補完やサポートができますし、コミュニケーション自体のストレスも減ります。

よい関係性が保たれていることは、「心理的安全性を感じていること」にもつながります。この心理的安全性は、企業風土にも大きく影響を及ぼします。

「心理的安全性」が注目されるきっかけになったのは、2016年にグーグルが公表した労働改革プロジェクト「プロジェクト・アリストテレス」というレポートでした。その中で、「心理的安全性」をチームが担保できているかが、生産性向上にも大きく影響しているとされたのです。

たとえば、「均等な発言機会」が心理的安全性には重要であることがレポートでは明らかにされています。発言時間が均等に設定されていたり、リーダーがメンバー全員に対してバランスよく発言を促したり、ディスカッションが対等な立場で行われる、といったことが心理的安全性につ

ながり、結果的にチームの生産性を高めると言います。

◆Wellness（ウェルネス＝心身の健康）

Purpose・Authenticity・Relationshipを満たす上でも、Wellness＝心身の健康は欠かせません。いくらやる気が高く、周りの人と良好な関係を築いていたとしても、バーンアウト（燃え尽き）してしまっては意味がないのです。

心身の健康を維持するためには、それを目的とした時間やエネルギーを割く必要があります。また不要な仕事をなくし、長時間労働の削減を目指す働き方改革は進めるべきです。さらに言えば、「健康経営」も推進されるべきでしょう。会社が個人の健康に対して「投資」を行うことで、そこで働く個人の心身の健康を担保することにつながるからです。

国も労働人口の減少を受け、経済産業省が中心となって「健康経営銘柄」を選定するなど健康経営を推奨・支援する取り組みを行っています。

ジョンソン・エンド・ジョンソンの調査によると、健康経営に対する投資1ドルに対して、そのリターンは約3ド

ルになると言います。社員の幸福度を高めるためには、社員の健康への投資も欠かせない要因となるのです。

第4章　Happiness at Workという考え方

満足度ではなく幸福度を高める

　職場における幸福についてお話しすると、「それって従業員満足度を向上させることでしょう？」とよく聞かれます。しかし、残念ながら満足度だけでは、継続的な幸福度の向上、そしてそこからもたらされるビジネスパフォーマンスにはつながりにくいのです。次頁の図を見てください。

　この図は、わたしが参加した、Happiness at Workのワークショップで学んだ考え方をまとめたものです（元は、2002年にノーベル経済学賞を受賞したダニエル・カーネマン博士のモデルをベースにしているとのことです）。

　報酬や地位、充実した福利厚生などからもたらされる従業員満足は、仕事における幸せには大きく貢献しない、ということが分かるかと思います。そんな従業員満足度は「評価されるウェルビーイング（evaluated well-being）」と呼

仕事における幸せとは

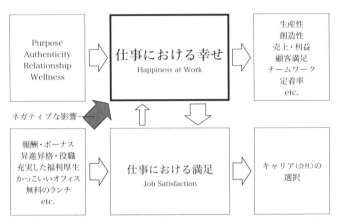

出所：Woohoo inc. Academy資料をもとにアイディール・リーダーズが作成

ぶことができる、と学びました。あくまで社員は与えられた待遇に対して、後から「評価を下す」ということになりますが、自分の待遇を思い起こし評価を下しているそのときに幸福感を感じ、脳の働きが活性化し生産性が上がる、という状態にはなりません。

　たとえば、充実した福利厚生制度がある会社に対しては「いい会社だな」とは思いますが、「福利厚生が充実しているから今日も幸せでやる気が高まる！」とはなりませんよ

ね。また、そこで得られる満足は得てして一過性で、次に与えられないという状態になると、あっという間に不満に転化してしまいます。

それに対して仕事における幸せ（Happiness at Work）は、「経験するウェルビーイング（experienced well-being）」と言います。その瞬間にポジティブな感情がわき、力が出るので、生産性・創造性・モチベーション・参加意識・ストレス耐性・チームワークそして収益も上がる、というわけです。

「この仕事は自分の価値観に沿った意義のある仕事だな（Purpose）」

「自分の強みを活かして工夫してみよう（Authenticity）」

「自分はこのチームで大切にされているな（Relationship）」

というのは、いずれも繰り返し味わうことのできるポジティブな感覚です。それこそが仕事における幸せをつくりだすのです。

なお、「従業員満足度」はたとえば労働環境が極めて悪い、十分な待遇が与えられていないといった問題がないかを測るには有効です。

また、人材の採用時などにおいては、満足度につながるような待遇を高めておくことは効果があると言えます。
　ところが一定の水準を満たしている状況でさらに満足度を上げようとすると、逆に社員の幸福度向上には有害であることすらあるのです。

第4章 Happiness at Workという考え方

満足度向上が幸福度にネガティブな影響を与えることも

　従来、会社の良し悪しを測るひとつの指標として採用されてきた従業員満足度ですが、これを向上しようとすると、報酬の量や種類を増やしたり、「こうすれば報酬が得られる」という仕組みを増やしたりする方向に施策を打つことになりがちです。

「報酬」がどのような影響を与えるかは、組織行動学のような学問や、心理学での動物実験でも明らかにされています。

　2つの檻にチンパンジーを入れ、両方にバナナを与えます。最初は2匹とも満足しているのですが、片方にオレンジを与えるようにすると、もう片方のチンパンジーは、「自分もオレンジがほしい」と要求し始め、最初は満足してい

129

たはずのバナナをほしがらなくなるのです。これ、皆さんも思い当たる節はありませんか？　ことわざにも「隣の芝生は青い」とありますよね。

　このように、報酬は他者との比較を招きがちです。自分が得られた報酬と他人が得られた報酬の比較が始まると、一方には必ず不満が生じます。それは、社員の精神的な健康を損ねたり、離職を招いたり、場合によってはなんらかの報復的行動を招くことすらあるかもしれません。

　米国のＩＴ大手が取り入れているような、フリーランチ（無料の昼食）のような仕組みも実はこの点でリスクをはらんでいます。

　業績がよければ維持でき、社員の受けもよい仕組みですが、いざ業績が悪化したときにまず圧縮を迫られるのが、こういったコストです。

　従業員にしてみれば、それまで当たり前のように無料で昼食をとれていて、外部からの来客にも誇らしくそれを振る舞っていたのに、ある日それが打ち切りとなる――ランチ代という経済的な面だけでなく、心理的なインパクトが極めて大きいというのは容易にイメージできると思います。

第4章　Happiness at Workという考え方

　満足度の向上策は、このように得てして不公平感を社員に与えることにつながります。それは、仕事における幸福度向上にネガティブな影響こそ与えども、ポジティブには働きづらくなります。

　CHOは、従業員の満足度向上ばかりに意識を向けるべきではなく、あくまで幸福度向上に注力するべきなのです。

第5章

Chief Happiness Officerの理論と実践

INTERVIEW

INTERVIEW 1

社員の「幸せ」度は
イノベーションとつながっている

CHOのC＝チーフは、
組織ヒエラルキーのチーフという意味ではなく、
あなたの中のチーフと捉えたいですね。
名前も「CHO」ではなくて「しあわせ係」とかに
したらいいのでは？

第5章　Chief Happiness Officerの理論と実践
——INTERVIEW

左：丹羽真理　右：前野隆司

前野隆司（まえの・たかし）

慶應義塾大学大学院システムデザイン・マネジメント（SDM）研究科教授

山口生まれ。広島育ち。東京工業大学卒業。同大学院修士課程修了。キヤノン株式会社、カリフォルニア大学バークレー校客員研究員、慶應義塾大学理工学部教授、ハーバード大学客員教授等を経て、2008年より同教授。2011年より同研究科委員長兼任。2017年より慶應義塾大学ウェルビーイングリサーチセンター長兼任。著書に、『脳はなぜ「心」を作ったのか』（筑摩書房）、『幸せのメカニズム―実践・幸福学入門』（講談社現代新書）、『幸せの日本論』（角川新書）など。近著に『無意識の力を伸ばす8つの講義』（講談社）、『実践　ポジティブ心理学』（PHP新書）などがある。『幸福学×経営学』（内外出版）、『システム×デザイン思考で世界を変える』（日経BP）など、共著も多数。

135

従業員満足度やエンゲージメントは「部分」でしかない

丹羽　前野先生は幸福学を研究されていて、『幸せのメカニズムー実践・幸福学入門』という本も出版されています。本の中では、幸せは4つの因子——「やってみよう因子（自己実現と成長）」「なんとかなる因子（前向きと楽観）」「ありがとう因子（つながりと感謝）」「あなたらしく因子（独立とマイペース）」——で決まると述べられています。

みんなが幸せに働ける環境をつくりあげる「Chief Happiness Officer（CHO）」という役割を日本企業に広めるために、私たちがセミナーを行ったときにも、前野先生にご登壇いただきました。

本日は、前野先生がおっしゃる「幸せ」と「CHO」がどのような関係にあるのか、また、幸せとビジネスの関係性についてもお伺いしたいと思っています。よろしくお願いします。

前野　私は学術面からのアプローチ、丹羽さんは企業のコ

ンサルティングという実務面からのアプローチですが、幸せの重要性を広めるという意味では同じような活動をしています。

「同じことをやっていますよ」と声をかけていただいてはじめて、私は丹羽さんたちの活動を知ったのですが、そのときはうれしかったですね。私はずっと学術界にいて実践者ではないので、実践されている方々と協力するとよい補完関係になりますから。

丹羽　コンサルティングの現場での経験だけでなく学術的な裏付けがあると説得力が増すので、前野先生にアドバイスいただけることは、私たちにとっても心強いことです。

いま私たちは、CHOという役割を社会に広めていこうとしています。ですが、こういうお話をすると、「うちの会社ではすでに従業員満足度調査をやっています」とか「組織風土を定期的に調査しています」とおっしゃる方も多いんです。

前野　従業員満足度や組織風土の調査といった、従来の枠組みでは改善されなかった問題があるから、いままた

改めて「幸せ」が大事なんじゃないか、と注目されていますね。

丹羽　そうなんです。前野先生は、「従業員満足度」と「従業員の幸せ」は、どのように違うとお考えでしょうか。

前野　それは、部分と全体の違いです。まず、従業員満足度は生産性とはあまり相関しないけれども、社員の幸せ度合いを表す従業員幸福度は生産性に相関するという研究結果があります。

丹羽　たしかに、「仕事に満足している」「福利厚生に満足している」と表現はしますが、「福利厚生に幸せを感じる」とはあまり言わないですね。

前野　幸せというのは全体像です。たとえば、「体調が悪いな」というとき、肝臓が悪いから肝臓だけを治療すればよくなるときもあるけれど、本当は生活習慣が悪かったとしたら、肝臓だけ治しても長期的な健康は維持できないですよね。

丹羽　そうですね。つまり、従業員満足度だけを高めても、それが原因でない場合には従業員幸福度は上がらないし、生産性も上がらないということですね。

前野 その通りです。これまで従業員満足度や組織風土といった部分を重点的に対策してきた会社は、これから全体を整える必要があります。そこで、CHOの出番です。

丹羽 CHOは、総合的に従業員の幸せを追求することで、会社全体の生産性を上げていく重要な役割ということですね。

前野 おっしゃる通りです。

丹羽 最近では、生産性を高める要素として「エンゲージメント」にも注目が集まっていますよね。「エンゲージメント」と「幸せ」は、どのように違うのでしょうか。

前野 分析してみると、相関は高いですね。エンゲージメントは仕事に没入し集中している状態のことなので、やりがいの一種とも言えます。あるいは、人間関係やリソースを整えてやりがいを感じるようにすることと言い換えてもいいでしょう。

丹羽 人間関係やリソースを整えることを含めてエンゲージメントなのだとすれば、従業員満足度よりは包括的な概念ということでしょうか。

前野 そう思います。ただし、「幸せ」と比べると、少し小さい概念だと思います。幸せには、感謝する姿勢や周りとの信頼関係といった要素も含んでいます。そもそも、幸せというのは、ワクワクやトキメキと同じく、全体的で包括的な心の状態を感性として表す言葉なんです。

「happiness」と「幸せ」は違う？

前野 「happiness」と「幸せ」は、ニュアンスが少し違います。Happyという言葉は、語源がhappenと同じなんです。だから、「何かが起きて（＝happen）幸せ」というような、刹那的で快楽的な感じ。でも日本語の「幸せ」には、「何も起こっていなくても幸せ」という感覚も含みます。

丹羽 「生きていること自体が幸せ」「今年も平穏無事で幸せ」というふうに？

前野 そうです。実は、幸せの研究はアリストテレスが生

きた古代ギリシャのころから行われていました。当時、幸せの概念は、ヘドニアとユーダイモニアに分けられていたんです。ヘドニアは欲求充足的幸福を意味していて、happinessに近い刹那的なもの。ユーダイモニアは、意味のある人生や意義のある幸せというような深い意味を表していたんです。

丹羽　そう言えば、「生きがい」は英語でも「Ikigai」と言うと聞きました。

前野　英語圏の人皆が知っているというほど有名な言葉ではないですが、たしかに欧米でも働き方の文脈でIkigaiという単語が出てきますね。

丹羽　ユーダイモニアや生きがいに対応する単語は、現代の英語にはないということなんですね。

前野　特に生きがいや働きがいという言葉には、自分が認められるだけではなく、他者との関係性、利他性、思いやり、調和的にみんなと働く意義、といったニュアンスが入ります。

丹羽　まさに、日本人らしい価値観と言えますね。
　やりがいやモチベーションの研究は、アメリカ・

ヨーロッパ・アジアといった地域によってもかなり違うという指摘があるようですね。

前野 集団主義か個人主義か、などの違いは顕著ですね。日本人は、単に欧米のモデルを持ってくるのではなく、アジア的、日本的な「幸せ」を追求し、世界に発信していく必要があると思っています。

丹羽 日本的な「幸せ」のためには、調和や人間関係が必要不可欠ということですね。

前野 そうかもしれません。そもそも、日本人は心配性になりやすい遺伝子を持っているという研究もあります。だから、周囲から孤立しているのに一人でやりがいを感じる、というようなあり方は苦手な傾向があります。

丹羽 気にかけられて、尊重されてといった信頼関係があってはじめて、幸せに働けるのが日本人なんですね。

前野 ただ、近年では、欧米でも、調和や和の精神といったものが重視されつつあると思います。近代以降、個人主義や合理主義でこれまで世界は発展してきたけれども、地球環境の破壊や争いはなくならない。だから、調和が必要ではないかと。

丹羽　個人主義と集団主義、欧米とアジア、それぞれのよさをバランスよく持ち合わせられたら、理想的ですよね。

前野　単に近代以降の欧米のマネではない「日本型のCHO」を提案して、日本の価値観を世界に発信していくことは、このような意味でも価値のあることだと思います。

欧米のマネではない「日本型のCHO」とは？

前野　対談していて気づいたのですが、そもそもCHOというトップを置くヒエラルキー自体が近代欧米型の管理手法ですね。

丹羽　たしかにそうですね。もし日本的に取り入れるなら、CHOはトップの役職ではなく「誰もがCHOである」「あらゆるところにCHOがいる」というのがいいなと思っています。

前野　なるほど。だったら、CHOのC＝チーフは、組織

ヒエラルキーのチーフという意味ではなく、あなたの中のチーフと捉えたいですね。名前も「CHO」ではなくて「しあわせ係」とかにしたらいいのでは？

丹羽　いいですね、しあわせ係。一人ひとりが「チームの皆の幸せのために、自分は何をしたらいいかな？」と考えながら働いたら、幸せな人が増えるスピードが加速していくと思うんです。

前野　自分がCHOだったら、もちろん皆のすべてをサポートしたいけれども、社員が家庭のことなど個人的な問題を抱えていたときに、そこに踏み込んで解決することまではできないかもしれない。そういうときは、どうしますか？

丹羽　たしかに、常識的に考えると、社外の問題を解決することは難しいと思います。ですが、話を聞いてあげたり事情を配慮したり、そういった気遣いから、ライフとワークの境目を消していけるのではないでしょうか。

前野　ライフとワークの垣根を取るというのは、いいですね。全体に向かっています。ほかにも、日本の会社で

CHOをやるにあたって壁になりそうなことってありますか？

丹羽　日本人だからこその難しさもありますよね。

前野　……と、言いますと？

丹羽　たとえば、幸福度を高めようということに関して、日本人のメンタリティが邪魔をするとか。眉間にしわをよせて働くのが仕事だから、幸福を追求することに後ろめたさを感じる、という人もいるのではないでしょうか？

前野　たしかに。これまで、日本の会社において「幸せの追求」が根づいてこなかった一因は、そういうところにもあるかもしれません。

イノベーションは幸せな社員から生まれる

前野　ところで、幸せな社員は不幸せな社員よりも創造性が3倍高いという研究があるのをご存知ですか。3倍も高いということは、イノベーションを起こす原動力

としてかなり有効だと考えられます。

丹羽　それは興味深いですね。イノベーション教育はいまとても盛んで、日本の企業でもイノベーションを起こそう、0から1を生みだそうと頑張っていますよね。

前野　そういったイノベーションの方法論を追求する前に、社員が幸せであるという土台をしっかり整えることが重要なんです。

　しかも、イノベーションには多様性が重要だと言われていますが、幸せの条件のひとつも、多様な知り合いがいることなので、一致しています。

丹羽　イノベーションの条件と、幸せの条件が、一緒なんですね。多様な知り合いがいるということは、多様なことを受け入れられるということだからでしょうか。

前野　はい。それもあると思います。それから、イノベーションを起こすための方法論としてブレインストーミングがありますが、そのときに「どのアイディアも肯定しましょう」というルールがあります。多様な意見を受け入れることです。これは、言い換えれば、幸せの条件である前向き・楽観とも一緒です。私が「なん

とかなる因子」と呼んでいるものです。

丹羽　幸せの条件はイノベーションの条件でもあるんですね。

前野　そうです。インクルージョン（包括）です。「外国人お断り」とか言って壁をつくってしまうと、自分が幸せになるチャンスも、イノベーティブになるチャンスも逃しているということですね。

丹羽　特に日本人は多様性に対して後ろ向きな印象があります。

前野　ダイバーシティ推進室などの部署が多様な人材を受け入れようと取り組んでいますが、「やらなきゃいけないからやっている」という姿勢にならないように気をつけるべきだと思います。

丹羽　たしかに、「女性の管理職を○％増やさないといけない」「障がい者を○％雇用しないといけない」という感じで取り組んでいる会社が少なくないですね。本来は、「いろいろな人がいればイノベーションが生まれるのだから、戦略的に多様性を追求していこう」となるべきところですよね。

前野 そうですね。意識をしているか否かにかかわらず、「障がいのある方がかわいそうだから、やってあげている」という感覚に陥るのは、無意識的な差別意識が垣間見えます。残念ながら、多様性に関して日本は遅れていると思います。外国人から見ると差別と捉えられる場合がある。

障がい者問題も、ハラスメントや外国人雇用の問題も、意識改革が必要だと思いますね。差は、垂直的な優劣の差ではなく、水平的な個性・多様性の違いとみなすべきなんです。

中小企業の中からも、「障がい者の方々は働く喜びを理解していて本当によく働いてくれるから採用したい」と自然におっしゃる会社がたくさん出てきています。社員の7割が障がい者というチョーク工場が先日話題になっていて、素晴らしいなと思いましたね。

丹羽 「仕方なく雇っている」のではなく、「雇いたいから雇っている」ということですよね。ダイバーシティ推進室がやりきれなかったことを今後はCHOが担っていく、という展開もあり得そうです。

第5章　Chief Happiness Officerの理論と実践
——INTERVIEW

会社が持続的に成長するには「幸せ」がカギ

[丹羽]　幸せな人はイノベーションを生みやすいというお話がありましたが、それは社員の幸せが会社のパフォーマンスに大きく影響するということでもありますよね。経営者自身も、やはり幸せであるべきなのでしょうか？

[前野]　もちろんです。拙著『幸福学×経営学』でも述べましたが、幸福経営を実践している経営者は総じて幸せです。「幸せな人は不幸せな人よりも視野が広い」という、面白い研究結果もあります。

　不幸せな人は部分に注目するんです。あれが不満だ、これが不満だと言って、小さなマイナス要素が気になってしまう。経営者のような、大きなビジョンを描いて物事を成し遂げていかなければならない人たちは、本人が幸せであるべきだと思いますね。

[丹羽]　コンサルティングをしていても、長期的に会社が上手くいっている会社は「面白そうだからやってみよう」

という経営者が多いですね。

逆に上手くいかない会社は、石橋を叩かないとできない。いろいろと検討する中でマイナス要素を見つけて、「これはやっても効果が出ないのでやりません」と、やる前に結論をだしてしまうことが少なくないようです。

前野 私が明らかにした「やってみよう因子」も、まさにそういうことですね。前向きにチャレンジし続ける人が幸せであり、そういう経営者のほうがよい結果が出やすい。

丹羽 松下幸之助のような昔の偉大な経営者も、「社会のために」という広い視野を持っていて前向きな方が多い印象がありますよね。

最近では、「会社の持続的成長」といった言葉もよく聞かれます。経営者はすべからく、会社やビジネスを存続させ続けることや成長させ続けることを目指しています。幸せが会社やビジネスの持続性に与える影響について、もう少しお伺いできますか？

前野 たとえば、ホワイト企業とブラック企業があったと

します。ブラック企業も経営者が運営に長けていれば、社員を不幸にしていても儲かることがあると思うんです。

丹羽　安い賃金で働かせるだけ働かせれば、コストは下がって利益は上がりますものね。

前野　そうです。でも10年とか30年という長期スパンで見ると、必ず上手くいかなくなります。景気がよいときだけは強引にやっていけても、景気が悪くなってくるとブラック企業の社員は病んだり辞めたりしていなくなってしまう。

丹羽　儲からないし大変だし、辞めたくもなりますよね。

前野　でも社員が幸せな会社だったら、もし不況になっても、「あの社長のために皆で力を合わせて働こうよ」と社員が奮闘してくれる可能性が高い。

丹羽　幸せに働ける会社だからこそ見捨てない、と。

前野　そういう意味では、社員を幸せにするということは、想定外のことが起きたときに生き残れるようにすることであり、会社の持続性を高める方法だとも言えるのだと思います。

丹羽　消費者目線で見ても、社会のために事業をやっていて、社員も幸せにしている会社は応援したくなります。

前野　利他的である結果として、持続可能だということなんです。「うちの商品はよいですよ！」と売るより、「社員も社会も幸せにしたいです」というメッセージのほうが、視野も広いし、消費者にも明らかに響きます。

丹羽　たしかに響きますね。

　ところで、会社を存続させていく中では競争にさらされる場面もあるかと思いますが、前野先生は「競争は幸せを生まない」という立場に立ってらっしゃいますよね。

前野　そうです。適正な切磋琢磨はいいんですよ。しかし、限られたパイを奪い合う過酷な競争はよくない。それよりも、それぞれが自分らしさを追求していくほうが、みんなが幸せになれると考えています。

丹羽　競争を回避するブルーオーシャン戦略が、一時期流行りましたね。

前野　「競争相手よりもよいものを」としのぎを削っていくと社員も疲弊しますし、勝ったり負けたりして結局利

益も減ってしまう。

[丹羽] そうなると、会社としても個人としても幸せからは遠のいてしまいますね。

[前野] そうなんです。幸せなのは、独創的な新規市場、つまり、ブルーオーシャンを開拓することです。これに限ります。やりすぎて寡占になったら制度的にいけないことになっているけれど、そうならない範囲で、新しい事業をつくったり新しい領域を探しだしたりして、過当競争に陥らずにやっていく人が一番幸せなんですよ。だから、みんなが自分だけの新規性・独創性を持つべきなんです。

[丹羽] そうですね。

いまの時代に企業が長期的に高いパフォーマンスをだしていくには、ベースとしての事業における競争優位や新しい価値を生みだしていくイノベーションが必要です。それらすべてに「幸せ」が影響しているというのは、とても興味深いお話でした。

本日は、どうもありがとうございました。

INTERVIEW 2

会社のPurposeと個人のPurposeを深く考えること

ユニリーバでもPurposeの一致が大切だと考えています。
そのための根幹として、IDP(Individual Development Plan)という
ディスカッションの機会を設けています。
ここでは、社員一人ひとりに
「あなたの生きる目的は何ですか？」
と問いかけます。

第5章 Chief Happiness Officerの理論と実践
——INTERVIEW

左：丹羽真理　右：島田由香

島田由香 (しまだ・ゆか)

ユニリーバ・ジャパン・ホールディングス株式会社
取締役 人事総務本部長

1996年慶應義塾大学卒業後、日系人材ベンチャーに入社。2000年コロンビア大学大学院留学。2002年組織心理学修士取得、米系大手複合企業入社。2008年ユニリーバ入社後、R&D、マーケティング、営業部門のHRパートナー、リーダーシップ開発マネジャー、HRダイレクターを経て2013年4月取締役人事本部長就任。その後2014年4月取締役人事総務本部長就任、現在に至る。学生時代からモチベーションに関心を持ち、キャリアは一貫して人・組織にかかわる。中学3年生の息子を持つ一児の母親。米国NLP協会マスタープラクティショナー、マインドフルネスNLP® トレーナー。

155

自分らしくあることと「幸せ」について

[丹羽] 人が職場で「幸せ」を感じるときには、大きく分けて4つあると考えています。「Purpose（パーパス）」「Authenticity（自分らしさ）」「Relationship（関係性）」そして「Wellness（心身の健康）」です。

「Purpose（パーパス）」とは自分のPurposeと会社のPurposeにつながりを見いだし、自分の仕事に意義を感じられることです。

「Authenticity（自分らしさ）」とは、自分らしく仕事が行えること。また、仕事の進め方に自由度があって、ある程度のコントロール権があること。

「Relationship（関係性）」とは一緒に働く人々とよい人間関係を築き、協力して働けること。

そして「Wellness（心身の健康）」は「Purpose（パーパス）」「Authenticity（自分らしさ）」「Relationship（関係性）」を下支えするためにも必要不可欠だと考えています。

本日、島田さんには「組織における幸せとは何か？」

ということを御社の取り組みであるWAA（ワー：Work from Anywhere and Anytime）を通してお伺いしたいと思います。

島田 WAAについて話す前に、丹羽さんが冒頭でお話しされた「仕事における幸せ」の要素を受けて、ユニリーバでどんなことを実践しているのかお話ししたいと思います。

ユニリーバでは「幸せ度を高める」という取り組みがあるわけではありません。しかし、「自分らしさを大切に！（Be Yourself）」ということを常に意識しています。そのことは「幸せ」の議論にもつながることですね。

丹羽 「自分らしくある」——まさに先ほどお話しした2つ目の要素（Authenticity）ですね。その言葉は島田さんにとってどういう意味を持ちますか？

島田 私はユニリーバに来て"Be Yourself"が最も大切にされているバリューだと知り、「なんていい会社なんだろう」と思いました。私自身の価値観と一致していたからです。組織に所属していて幸せを感じるには、

自分自身と会社の価値観が近いことが大事ですからね。

丹羽　そうですね。価値観の近さは幸せと深くリンクしていると思います。

島田　会社と自分の価値観が一致していれば、自然と「自分らしくある」ことができます。「自分らしくある」ことができれば、自然とモチベーションも上がって「幸せ」を感じます。幸せ度は上げるものではなく、上がるものです。モチベーションも他人に上げてもらうものではなく、勝手に上がっていくものだと考えています。

丹羽　非常に面白い考え方ですね。他人の手をかりずに、自分らしく存在し、エネルギーが満たされていれば、幸せ度も上がり、モチベーションも上がっていくというのは納得感があります。

島田　「自分らしくある」と、様々なことに気づくんです。ユニリーバでは「あなたの生きる目的は何ですか？」という根本的な問いを全社員が考え、明文化しています。そういう問いかけをすることで、自分自身の思い込みや無意識にはまっている枠組みから離れることが

できます。枠ではなく「ワクワク」することを考えることが重要です。

[丹羽] いいですね。そういうふうにポジティブな感情を自然と生みだせれば「幸せ」は連鎖しそうです。

[島田] 思い込みや枠組みから離れられる質問としては、こんなものがあります。

「あなたはどんなときに幸せを感じますか？」

この質問をしてみると、たとえば、朝の通勤ラッシュがバカげて見えてきます。出社するだけで疲れるような働き方では、生産性が上がるはずありませんよね。

会社のPurpose　個人のPurpose

[丹羽] 冒頭で会社の価値観と自分自身の価値観が一致している、というお話がありました。いま私たちが企業に提案していることで「会社のPurposeと個人のPurposeを考えてみましょう」というのがあります。

[島田] いいですね。ユニリーバでもPurposeの一致が大切

だと考えています。そのための根幹として、IDP（Individual Development Plan）というディスカッションの機会を設けています。ここでは、社員一人ひとりに「あなたの生きる目的は何ですか？」と問いかけます。ユニリーバでは「1年後、3年後、5年後の自分はどうなっていますか？」といった問いかけはしません。代わりにこんなふうに問いかけます。「あなたが死ぬときのことを考えてみてください」。

丹羽　それはずいぶん本質的で難しい問いですね。

島田　そうですね。仕事とは何か？　人生とは何か？　そのことを深く考えていないと答えられません。とても哲学的な問いです。

丹羽　どうして、そこまで深く考えることが大切だと、御社では判断しているんですか？

島田　会社として、そしてビジネスパーソンとして、どうやって売上や利益を上げていくのかを考えるのは当たり前のことです。でも、何をするか（Doing）だけではなく、どうあるのか（Being）にも、もっと目を向けるべきだと感じています。私たちはヒューマン・ビー

イング (human being) なのですから。

丹羽　個人のPurposeの深い部分をお聞きしました。ところで、会社のPurposeについてはいかがですか？　それを浸透させるために、または、そのことを伝えていくための具体的な方法などはどうされているのでしょうか？

島田　IDP (Individual Development Plan) に加え、"パーパス・ワークショップ"というプログラムをグローバルで展開しています。Purposeを浸透させていくのは、リーダーシップがカギだと考えています。

丹羽　まずはマネジメント層から展開していくということですか？

島田　その通りです。社員はマネジャーとの壁を感じています。本当はそんな壁はないのに、マネジャーは自分たちとは違うと考えがちなのです。これを変えるには、まずはマネジャーから変わっていかないとダメなんです。

丹羽　マネジャーの言動が変化すれば、自ずと他の社員へもいい影響を及ぼすことができる、と。

島田 そうです。マネジャーのありかたはチームに影響を与えます。軽はずみな一言で傷ついてしまう人もいます。ですから、まずはマネジャー自身がPurposeを持って行動していること、そしてチームメンバーが自分らしくいきいきとPurposeを実現していけるような場をつくれるようになることが大切です。

CHO自身が幸せであること

丹羽 それでは話を本題に変えていこうと思います。私自身、CHOというものはその人自身が幸せでなければならないと考えています。そのことについてはどう思われますか？

島田 私もそう思いますね。ユニリーバCEOのポール・ポールマンを見ていると、彼自身の存在がユニリーバの価値を高めていると思います。それはポジティブなエネルギーを発信しているからです。

丹羽 なるほど。ユニリーバではCEO自身がCHO的な存

在なんですね。

島田 そう思います。

丹羽 ところで、島田さんは入社当初から、ご自身と会社のPurposeの一致を感じていたのですか？　それとも、仕事をしてみて徐々にそのことに気づいたのでしょうか？

島田 最初からピンときていたところもありますし、この組織にいればいるほど、Purposeが重なっているなぁと感じる部分もあります。

丹羽 直観的にそれを感じているということでしょうか？

島田 その通りです。私自身は直観的に行動するタイプなんです。

丹羽 分かります。私も同じタイプですので。

島田 直観と言うと「？？？」と感じる方もいらっしゃると思います。でも、実は私たちには、生まれてからいままで見たもの聞いたもの発したものすべてが蓄積されている膨大なデータベースのようなものが無意識または潜在意識の領域にあります。その中から私たちの意識に浮上してくる「お知らせ」が直観です。それは

信じるべきだと思うんです。

丹羽　なぜ信じるべきなんでしょうか？

島田　それが人間の可能性を信じるということにもつながると思うからです。

丹羽　なるほど。

島田　わたしたちが気づいていなくても、潜在意識にはその人の持つ大きな可能性が秘められています。ある一定の「枠」に留まらず、自由でありのままでいられたら、わたしたちはもっとその力を引き出せるのではないでしょうか。

丹羽　ユニリーバのかかげる「自分らしくを大切に！（Be Yourself）」という言葉にもつながるということですね。

島田　そうです。一人ひとりが自分の持つ可能性に気づくきっかけをつくることがリーダーの大切な役割だと思います。それがその人の「ありかた」や「幸せ」にもつながっているからです。

第5章 Chief Happiness Officerの理論と実践 ――INTERVIEW

WAA（Work from Anywhere and Anytime）が生まれるまで

丹羽　次に御社の取り組みであるWAAについてお伺いします。とてもチャレンジングな制度を導入されましたが、このようなアイデアを実行するまでには相当な苦労があったのではないでしょうか？

島田　私自身は特に苦労という感覚はないですね。みんなが疑問に感じていることを形にしたということです。会社や個人が変われない理由――そのことに気づいてもらいたい。そういう発想から生まれたのがWAAです。人は、働く場所や時間の長さに関係なく、結果をだし、会社に貢献することができる。そう心から思います。

丹羽　なかなかそういう意識にはなれるものではないですよね？

島田　そうですね。ある意味、人は変わらないほうが安心していられますから。でも、冷静に考えてみると、会社には皆が「当たり前」だと思い込んでいるだけで、本当は無駄なことが溢れています。先程の通勤ラッシ

ュもそうですし、飲み会に誘われたら行かなくてはいけないといった無意味な思い込みもこれに当てはまります。

丹羽　島田さんのお話を聞いていると、組織にいる人々の理想を実現しようとしていらっしゃるように感じます。

島田　根本は私を含めて皆がハッピーであるということです。つまり、すべての社員がもっと自分らしく「幸せ」であるためには何をどう変えればよいのかを追求していく過程の中で生まれたのがWAAです。

丹羽　導入した当初、反対意見はなかったですか？

島田　ありましたよ。この制度は一人ひとりが自分らしくいきいきと仕事ができるようにするためのものだと多くの人に説明しましたが、それでも「失敗したらどうするんですか」「チームワークが乱れるんじゃないですか」という声はたくさんありました。

丹羽　新しいことをしようとすると、組織では常に起こる反応ですね。

島田　まだ始まってもいないのに、未来に対して不安や恐れを持ってしまうんですね。

[丹羽] 人間が本来持っている「弱さ」のようなものでしょうか。

[島田] そうですね。寄らば大樹の陰ではありませんが、何もせずに傍観しているほうが楽ですし、「当たり前」を疑わなければ心は乱されず、組織にも波風を立たせずにつながっていられます。

[丹羽] 島田さんは、そんな人間が持っている本質的な弱さにアプローチしているということですか？

[島田] そういった根っこの部分に気づいてもらいたいという意識はあります。人と人のつながりはとても重要です。でも、それは「人目を気にして何も言わない」ことではありません。一人ひとりが組織を通じて自己実現するために「なぜ？」を問い続けることなのです。

[丹羽] 「自分らしさを大切に！(Be Yourself)」というキーワードへつながってきましたね。

[島田] そういうことです。無駄なことをやめ、一人ひとりが「自分らしくある」ためにWAAが必要だった。だから、不安の声があっても、「自分たちの目指すビジョンを信じて、失敗を恐れずにやってみよう！」とい

うことになりました。

WAAの先にあるもの、CHOに求められるクリエイティビティ

[丹羽] WAA誕生の秘話はとても面白かったです。革新的な制度を作られた先に、島田さんが今後実行していこうと考えていることを、お話しできる範囲でかまいませんので、お願いできますでしょうか。

[島田] まずは「定年」という制度を壊したいです。何かおかしいと思いませんか？ 人生100年時代と言われている中で、いまの制度のありかたは見直す必要があるかと思います。それから、実験的に始めているプロジェクトとしてDATE (Development Associate Training Exchange) というものがあります。複数の会社で研修を共有し合うことで、リソースが限られていたとしても、共同で人財開発できるようにするものです。モノだけには留まらず、ヒトも複数の会社でシェアする、といったアイデアもあります。

[丹羽] それはとてもイノベーティブな考え方ですね。

[島田] そう言っていただいて、ありがとうございます。人事の仕事は、本来クリエイティブでイノベーティブなものだと思うんです。

[丹羽] 同感です。私たちが考えているCHOもそのような存在です。

[島田] CHOはそもそも本人がハッピーであるはずですから、自然とクリエイティビティを発揮する状態にあります。自身のPurposeと会社のPurposeの合致するところでイノベーションを起こす。そういう存在であってほしいですね。

[丹羽] まさにそのようなCHOが組織で求められていると思います。

[島田] ＷＡＡのような新しい働き方が広がれば、CHO的な存在の人たちの活躍の場ももっと広がるはずです。

[丹羽] そのお話を具体的に聞かせていただけますか？

[島田] たとえば、地域創生にお役に立てるのではないかと考えています。既に宮崎県に社員が働ける「CO-WAAKING」スペースを設けていただきました。他に

も複数の自治体からお問い合わせをいただいています。今後そういった地域で私たちの持っているリソースやノウハウと地域産業とのコラボレーションが起こる可能性もあります。

丹羽　それは広がりがあって、夢がありますね。

すべての人がCHOになれる組織へ

丹羽　最後に島田さんが考える「CHOの条件とは何か？」についてお聞きして結びたいと思います。

島田　CHOって誰でもなれるものだと思うんです。それこそ、本人が幸せに満ちて、エネルギーを分け与えられる人であれば。ただし、一つだけ条件があります。

丹羽　それはどんな条件ですか？

島田　自分がハッピーであるという自覚を持っている、つまり、自分のことをよく知っている、ということです。

丹羽　なるほど。それは自分と深いレベルで対話しているということでしょうか？

島田 まさにそうです。「自分を知る」ということは、すべてにつながります。リーダーシップ、ダイバーシティ、コミュニケーションの問題とも関係しています。

丹羽 「自分を知る」ことができれば、CHOとしてスタートできる準備が整うということですね。

島田 「自分を知る」ということは、じつに奥が深いことです。でも、その大切なことを気づかせてくれる存在と出会うことができれば、すべての人がCHOになる条件が整います。

丹羽 私も常々誰もがCHOになれる！ と言っています。

島田 その人が自分自身の本当の力を知って、それを十分に使えるようになれば、CHOとして活動できます。私は人事として、個人が組織の中で立ちはだかっている壁を壊して、その人自身が自然と「自分らしくある」ことができるような道をつくっていきたいです。

丹羽 島田さんのようなCHOが日本でたくさん出てくるように、私たちもCHO普及に向けて仕事をしていきたいです。本日はお忙しい中、貴重なお時間をいただきまして、ありがとうございました。

第6章

次世代型組織の中心となる
CHOの実際

CEO・COOに加わる新しい経営職「CHO」

　これまで述べてきたように、会社を発展させるためには社員が幸せであることが絶対に必要です。しかし、そんな状態が自然に生まれればとてもありがたいのですが、なかなかそうはいきません。

　わたしたち日本人は眉間にしわをよせて働くことを好みがちです。

　「艱難汝を玉にす」ということわざがありますが、わたしも困難に立ち向かったり、そこから成長を得ることを否定しません。ただ、そこでその状況を楽しむことができたら、きっともっと成果が得られるはずです。

　成果を急ぐあまり、人や組織への負担が大きくなる利益相反は、あらゆるところで起こっています。スポーツでの選手育成でも、短期間で選手に厳しいトレーニングを課し

て、一時的に成績を向上させることが叶っても、長い目で見ると選手として活躍できる期間を短くしてしまうといったことも起こります。

オリンピック選手などプロフェッショナルの育成では、トレーニングの強化と並行して、心理面も含めた医療的なサポート、社会からの応援・支援を得るための広報面のサポートなど多角的な取り組みが行われています。

経営においても、組織のポテンシャルを高め、社会と共働して発展していくには、多様なリーダーシップが求められることが明らかになっています。それが会社のビジョンやミッションを社内外に発信しその実現を図っていくCEO、事業を推進し各部門の最適化を図るCOO、市場分析と販路拡大を全社的に図るCMOなど、様々な経営職が生まれた背景にあります。

働き方改革が求められるいまこそ、「社員が幸せかどうか」という指標をもとに組織をリードし、組織環境をデザインし、変革を実行できる経営人材が求められているのです。それこそが、CEOやCOOといった日本でもよく目に

するようになった経営職に加わる新しい「CHO=Chief Happiness Officer」という役職・役割なのです。

　本章では、この「社員が幸せな状態」を創り出す役割となる「CHO」について詳しく見ていきます。

第6章 次世代型組織の中心となる CHOの実際

海外で先行するCHOへの動き

　幸福度が高まれば、国や社会・組織・個人の創造性や生産性が高まる。

　このことは科学的に実証されつつあります。そして、それを測るための手法も少しずつ確立されています。企業がそこから生まれるベネフィットを享受しようと動きだすのは、とても自然なことだとわたしは考えています。

　日本では、まだまだ幸福度やCHOの重要性が十分に認識されていないのはとても残念なことです。しかし、海外では既に先行するような動きが出てきています。それをここでご紹介しましょう。

　企業における「幸福」の重要性に光があたるようになったきっかけは、グーグルのチャディー・メン・タン氏が作ったと言っても過言ではありません。

彼は、グーグルの107番目の社員として、検索エンジンの開発にあたるエンジニアでした。その彼が、EQ（心の知能指数：自分自身と他人の気持ちや情動をモニターし、見分け、その情報を使って自分の思考や行動を導く能力）という概念に触れたことをきっかけに、本書でもご紹介したようなポジティブ心理学や、マインドフルネス瞑想（宗教色を取り除いた瞑想）を用いたトレーニングプログラムを開発したのです。

　このトレーニングプログラムは、グーグルの検索サービスをもじってSIY（サーチ・インサイド・ユアセルフ）と名づけられ、5000人以上のグーグル社員が受講したほか、同名の書籍は世界的なベストセラーにもなりました。このプログラムはわずか２日間のコアプログラムと４週間のフォローアッププログラムから構成されていますが、受講者の創造性や生産性が高まるとして支持を広げています。

　現在彼は、"Jolly Good Fellow at Google" と呼ばれています。CHOという呼び方ではありませんが、まさに企業の中にあって、幸福度を高めることの重要性を世に知らしめるきっかけとなった人物であることは間違いないでしょう。SIYについては、TEDの彼の講演動画や、日本語化

された書籍も刊行されていますので、興味を持たれた方はぜひそちらも参照してみてください。

　もう一人の人物はまさにCHOという肩書で活躍しています。デンマークのコペンハーゲンにあるWoohoo社のアレクサンダー・ケルルフ氏です。

　第4章で紹介したデンマーク語、Arbejdsglæde——そう、おそらくわたしも含めて皆さんのほとんどが正しく発音できないけれど、"Happiness at work（仕事における幸せ）"を一言で言い表す言葉が使われているあの国の会社です。

　実はわたしはこのWoohoo社に興味を持ち、ニューヨークで行われた3日間のワークショップに参加しています。Woohoo社はデンマークの会社ですが、「職場の幸福度を上げる」メソッドは世界的に高く評価されており、アクセンチュア、マイクロソフト、IBM、ヒューレット・パッカード、マクドナルド、イケア、KPMGなど名だたる企業がこのプログラムを採用しているのです。

　本書で紹介した考え方も、Woohoo社で学んだことが活かされています（Woohoo社は、ワークショップで使用したスライドなども受講者に再利用を認めています。幸せな職場を増やした

Woohoo inc. Academyワークショップ

い、という彼らの思いがこんなところにも表れています)。ケルルフCHOもコペンハーゲンで行われたTEDで講演を行っており、その動画をYouTubeで見ることができます。

　タン氏、ケルルフ氏ともエンジニア出身であるというのも興味深いポイントです。幸福を追求することが、抽象的、宗教的な概念を入口にするものから、論理的、科学的なアプローチが可能なものへと変化していることの表れとは言えないでしょうか?

　もう一人は女性CHOです。デリバリング・ハピネス社のジェン・リム氏は靴を専門に扱うネット小売大手ザッポスのコンサルタントとして活躍し、CEOのトニー・シェイ氏と共に職場の幸福度向上を目的としたコンサルティング会社を起業しています。

　ザッポスでは、社員の幸福度を大切にすることに着目することで顧客満足度を高め、結果的に、売上を大幅に増やすことに成功しています(ザッポスはその後2009年にライバルであるアマゾンによって買収されていますが、独自の経営と文化を保っていると言います)。

　ここに挙げた以外にも、海外企業ではCHOの役職、も

しくはCHOという呼ばれ方ではなくとも、同様の職務を行う人が増えてきていると言われています。先日のニューヨークのワークショップでは、アメリカの広告会社に勤める「Director of Happiness」という役職の方とご一緒しました。

「幸福度」への関心や必要性への理解が高まるにつれて、国内外でCHOという肩書きを持つ人やその役割を担う人が増えていくのではと感じています。

第6章 次世代型組織の中心となるCHOの実際

CHOは経営職であることが望ましい

　CHOはChief Happiness Officerの頭文字をとった言葉です。Officer＝役員ですから、CHOは直訳すると「幸せ担当役員」となります。この言葉をはじめて目にする人は、「幸せ」を担当する「役員」なんて、と驚かれたかもしれません。「幸せ」が、CFOが担当する「ファイナンス」やCTOが担当する「技術」と同列の経営課題である、という理解がないと無理のないことです。

　しかし、これまで詳しく述べたように「幸せ」は決して抽象的な概念ではなく、様々な要因から構成され、ある程度計測も可能なものです。

　逆に言えば、「みんなでハッピーになろう！」というかけ声だけでは全く不十分で、売上や利益といった経営指標と同様、幸福度は定期的に測定・共有され、その向上に向

けた取り組みが着実に実施されることが求められます。

この仕事は、CEOやCOOが兼務するのはなかなか大変です。CEOは経営全体の方向性を示すと共に、対外的にも企業のビジョンやメッセージを発信する会社の顔であることに、まず多大なリソースを割かねばなりません。またCOOは戦略を戦術に落とし込み、業務オペレーションを実行していくことに責任を負っていますから、その前提となる風土作りまで手が回っていない、というのが多くの企業で共通している課題ではないでしょうか？

そのため、経営職であるCHOが責任と権限を持って、経営課題として社員の幸せにつながる組織風土づくりに、CEOやCOOと共働して取り組むのが望ましいのです。

そして、CHOには「ロールモデル」つまり、皆のお手本になることも求められます。たとえ現場のリーダーが周囲に幸せを広げようとしても、マネジメントがそうでなければ、組織全体としては幸福度を上げようという風土はなかなか生まれません。経営職であるCHOが率先して旗振り役となり、幸福な組織作りに邁進している姿を示すことが、組織風土を変えることにつながるのです。

第6章 次世代型組織の中心となるCHOの実際

　特に日本の場合、風土、つまり組織の「空気を読む」ことにみな長けています。逆に言えば、組織の風土を思い切って変えるには、誰かが勇気を持って一歩踏み出し、旗振り役になる必要があるのです。そして、その取り組みが組織として承認されるものであれば、空気を読む日本人も安心してその取り組みに参加することができます。組織風土を構築し、幸福度合いを高めるCHOが経営職であることが望ましいのには、こんな日本的な背景もあったりするのです。

　いわばCHOには「権限」と「体現」という２つの要素が求められると言えるでしょう。

CHOの具体的な仕事

　ここからはCHOが具体的にどんな仕事をすればよいのかを見ていきましょう。CHOはいわば社員の幸せを「デザイン」する経営職と言えます。具体的には第4章で見ていった4つの要素（PARW）を高めていく活動を行っていきます。

　まずは何をさておいてもCHOはPurposeと向き合う必要があります。そこでは3つのポイントがあると言えるでしょう。

◆会社のPurposeの明確化
◆会社のPurposeの理解・共感
◆社員のPurposeを見つけるサポート

本書の振り返りも兼ねて、それぞれをチェックリスト形式で見ていきましょう。

会社のPurposeの明確化

☐ 会社のPurposeが明確でないケースは意外と多い。何のためにこの会社はあるのか？　という問いに明確に答えられるだろうか？

☐ 「売上高〇億円企業になる」「業界でNo.1になる」というのは、Purposeではない。この会社があることで、世の中にとってはどんなよいことがあるのか？　といった社会的意義に関する観点が必要

☐ 会社のPurposeを策定する、あるいは見直す上では、会社に関わる社員が心から共感するものにすることが大事。社員全員で考えることをおすすめするが、難しい場合は少なくとも経営陣で集まり、全員が心から「これのためにやっている」と思えるものを言葉にしていく（詳しいプロセスは、このあと「CHOのツールボックス（1）」でご紹介します）

会社のPurposeを理解し共感してもらう

☐ 会社のPurposeが一部の人で作られたものである場合、他の社員に理解し、共感してもらうのが次のステップ。シンプルな言葉だけでは真意が伝わらないことが多いので丁寧に行っていく

☐ ポイントは、自分ごと化。つまり、Purposeで言われている内容と、自分のPurposeや自分の行っている仕事とをつなげて考えること

☐ たとえば、社員一人ひとりが「会社のPurposeは自分のPurposeとどう関係するか？」や「最近、このPurposeにつながるようなことを行ったか？」ということを考える機会を提供する

☐ そして、このPurposeの実現につながっている自分の強みを発見し、その強みが最大に発揮されたら、どんな未来が実現するかを描いていく。こうすることにより、Purposeが自分ごとになり、またワクワクするものになる

第6章 次世代型組織の中心となるCHOの実際

社員のPurposeを見つけるサポート

☐ 社員個々人のPurposeを見つけるサポートを行うのもCHOが実践していきたい

☐ 「あなたの人生の目的とは？」と聞かれても、即答できる人は多くないだろう

☐ CHOは、「一人ひとりがやりたいことや実現したいことを持つことを、会社として応援する」というメッセージをまず発信し、組織全体（特に上司部下のコミュニケーションにおいて）でこのような会話を当たり前にしていけるとよい（第5章で紹介されているユニリーバ・ジャパンのIDPも参考にしてください）

☐ その他の具体的な取り組みとしては、Purposeを見つけるためのワークショップを開催したり、社内にコーチングができる人材を育成・配置することも考えられる

☐ Purposeとまではいかない場合は、まずは自分が大切にしている価値観を見つけることから始めてもよい

続いて、**Authenticity**（自分らしさ）です。ここでは3つのポイントをおさえていくとよいでしょう。

◆社員の強みを見つけるサポート
◆社員の主体性を発揮するしくみづくり
◆柔軟で多様な働き方ができる制度づくり

社員の強みを見つけるサポート

- [ ] Purposeと同様、自分の強みは何かを明確に答えられる人は多くない。仕事において個々人が強みを活かせるように、それを見つけるサポートをしよう
- [ ] 様々な方法があるが、『ストレングスファインダー®』『エニアグラム』『MBTI』などの診断ツールも有効
- [ ] 診断を行うだけでなく、コーチングやワークショップと組み合わせることで理解を深め、どうしたらより強みを活かせるか？　について考えてもらうような取り組みも行うことがおすすめ
- [ ] また、見つかった強みは社内やメンバー間で共有すると、チームの相互理解にもつながっていく

社員の主体性を発揮するしくみづくり

- [ ] 社員がより自分の頭で考え、工夫して仕事を行っていけるよう、細かいルールは最小限にし、社員を信頼して任せよう
- [ ] ただし、Purposeや会社の行動指針が十分に理解・共感されていることが前提として大事
- [ ] 例：ザッポス（P.181参照）、ミドルファート・セービングス・バンク社（P.113参照）

柔軟で多様な働き方ができる制度づくり

- [ ] 社員がより自分らしく、自分というリソースをフルに活用できるために、多様な働き方を認める制度づくりも行おう
- [ ] 働く場所や時間を柔軟にできるリモートワークやフレックスタイム、副業や兼業など多様な働き方を選択できるとよい
- [ ] 例：ユニリーバ・ジャパンのWAA（P.165参照）

Relationship（関係性）のポイントも３つです。

◆職場内コミュニケーション活性化のためのしかけ
◆チームの相互理解を深めるサポート
◆フィードバックのしくみの導入

| 職場内コミュニケーション活性化のためのしかけ |

☐ 職場でのコミュニケーションの質と量を上げるための取り組みを行おう

☐ ランチ会や飲み会などのイベントでももちろんよいが、特別な機会でなくても日常からコミュニケーションが多い組織を作ることが重要。ポジティブ心理学の研究から、大きなイベントよりも、日常の小さな取り組みを頻度高く行う方が、幸福度を高めることが分かっている

☐ たとえば、会議のはじめに「チェックイン」を行う。そこに集まるメンバー全員が一言ずつ、今の気持ちや気になっていること（仕事のことでもプライベートのことでもOK）を話してから本題に入る。Good &

New（最近あったよいことや新しいこと）のシェアでもよい。「あの人はそんなことを考えていたのか」など発見にもつながる（詳しいプロセスは、CHOのツールボックス（3）でご紹介します）

□ ハード的な取り組みとしては、社内SNSなどのITツールの導入や、コミュニケーションを促進するためのカフェスペースなどの物理的な場の設置も考えられる

チームの相互理解を深めるサポート

□ 一緒に働くメンバーが互いの強みや特性、価値観を理解できるようにサポートしよう

□ 相互理解により、適材適所の人材配置や、相互の補完・助け合いが生まれるとよい。各自の強みの診断結果を共有するワークショップなどは個々の強みの発見にも使えるので一石二鳥（詳しいプロセスは、CHOのツールボックス（2）でご紹介します）

□ 上記以外にも、非日常体験を共有することで相互理解につなげるチームビルディングの取り組みも有効

フィードバックのしくみの導入

☐ フィードバック（特にポジティブフィードバック）が頻繁に起こるようなしくみを導入しよう

☐ たとえば、上司が部下を評価することを目的とした評価面談ではなく、部下のための時間である1 on 1の導入。まずはコーチングとフィードバックのスキルを上司に身につけてもらうためのトレーニングを行う

☐ また、感謝を伝え合うしくみも大事。感謝ポストといった現場レベルでできるものから、会社として感謝したい人を表彰するのでもよい

☐ 失敗したことをあえて賞賛するのも、次のチャレンジを起こす上で有効

☐ ポジティブ心理学の研究から、感謝する側はされる側よりも幸福度が高まる、ということが分かっている。社員が他の社員を感謝するような仕掛けを導入するとよい（例としては、『ティール組織』でも紹介された日本企業「オズビジョン」が実施しているThanks Dayがあります。これは2万円を支給し、他の社員や他者のために

第6章 次世代型組織の中心となる CHOの実際

使ってもらい、どう使ったかのストーリーを発表するという

ものです)

195

最後にWellness（心身の健康）でおさえておくべきポイントです。

- [ ] Purpose、Authenticity、Relationshipの3つを進める上で、心身の健康は欠かせない。CHOの役割（会社によっては、Chief Health Officerがいるかもしれないが）として、社員の健康増進に取り組もう
- [ ] まずは、社員に健康の重要性について知ってもらうためにメッセージを発信しよう
- [ ] また、無駄な長時間労働をなくす、休暇をとることも促進すべき。「体現」するCHOとして、まずは自分から実践することが大事
- [ ] マインドフルネスのプログラムや、運動できるしかけ（立ちながら会議するスペースや、歩きながら行う1 on 1など）を導入することなども考えられる

第6章 次世代型組織の中心となる CHOの実際

CHOのツールボックス（1）
Purpose策定ワークショップ

　ここからはCHOがPARWを実現するために使えるソリューションを紹介していきます。

　アイディール・リーダーズでは、クライアント企業へのコンサルティングの中で、経営チームの方々を対象にした、「Purpose策定ワークショップ」をよく実施しています。

　このワークショップは、会社を離れた施設などで2日程度の時間をかけてじっくりと行います。ゲームを交えたチームビルディングエクササイズの後、「誇らしいこと」と「残念なこと」という観点で現状の振り返りを付せんで、包み隠さず洗いだします。

　次に、改めてPurposeやビジョンが明確になったあかつきには、「自分自身、経営陣、社員にはどのような変化が起きていることが望ましいか」を考えていきます。「その

パーパス策定ワークショップのプロセス

STEP 1 チームビルディング
何でも話せる関係づくり、相互理解

STEP 2 現状の振り返り
現在の経営スタイル、意思決定、事業、組織風土等の振り返り

STEP 3 Purposeを作る目的・要件定義
チーム内での目的・ゴールイメージの合意形成

STEP 4 自社の強みの発掘
自社の強みや大事にしてきたことの再発見

STEP 5 X年度のビジョン（ありたい姿）とPurposeの策定
「実現したい未来」「自社のパーパス」を描き、言葉にする

出所：アイディール・リーダーズが作成

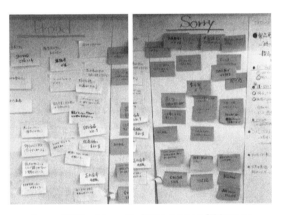

Purpose策定ワークショップ　「誇らしいこと」と「残念なこと」

198

変化をもたらすためにこれから作るPurposeやビジョンには、どんな条件が必要か」を洗いだしていくのが次のステップです。たとえば、分かりやすい、覚えやすい、チャレンジが感じられる、といった要件を決めていきます。

そこからいよいよPurposeの策定作業に入っていきますが、「その際、気をつけたいポイント」も事前に洗いだしておきます。たとえば、皆が納得するまで取り組む、自分たちの言葉で述べる、といった具合です。

Purposeやビジョンを描いていく際には、「ポジティブ・アプローチ」という方法を取ります。これは、与えられたあるべき基準を実現するという観点の「ギャップ・アプローチ」とは異なり、ありたい状態を自ら生みだし挑戦するというものです。ギャップ・アプローチは問題解決をする際には有効なのですが、「自分たちはどうありたいか？」といった正解がないことを生みだす、Purposeやビジョン策定には適していません。

ポジティブ・アプローチの重要性を理解した上で、参加者の皆さんは2人1組となって互いにインタビューを実施

ポジティブ・アプローチとギャップ・アプローチ

ポジティブ・アプローチ		ギャップ・アプローチ
未知の領域でイノベーションを生みだすとき		**既知のものを効率的に実施するとき**
1. 誰もが未経験で、上手くいく方法が分からないもの 2. 複雑性が高く問題が特定しにくいもの		1. 勝ちパターンが既に完成しており、その改善など 2. 問題や対応策が明確にできるもの
想い・価値観	内容	客観性・確実性
本音が話される	話し方	建前が話される
共感的に聴く・背景に目を向ける	聴き方	批判的に聴く
自分ごと・主体的にかかわる	取組への関わり方	他人事・コントロール的

出所:株式会社ヒューマンバリューのサイトをもとに作成

し、「これまでの最高の体験についてのストーリー」や「その際発揮された、その人の強みや価値観」をじっくりと振り返ります。また、インタビュー後、他のメンバーにも紹介します。

この「各人の強みと価値観」も付せんで貼りだしていきます。全員の「強みと価値観」が貼りだされると、その中に共通する項目が見いだせるはずです。これが会社としての強みとなります。そのチームが持つ、本質的・絶対的な価値であり、行動する際のエネルギーの源がそこにあるのです。

アイディール・リーダーズでは、ワークショップでこれらの会社の強みを、紙に書いたり、風船に貼りだしたりして、「オブジェ」として表現してもらっています。そうすることで、それらがどんなイメージを形作っているのか、視覚的に表現されることになるのです。

まるで小学校の図工の授業のようですが、この作業の中で、また新たな発見がもたらされることもあります。

その上で、強みを発揮し続けた結果、X年後にこの会社

アイディールリーダーズ社の
強みを表現したオブジェ

がビジネス誌に取り上げられたら、どんなふうに紹介されていたいか、という記事を自ら作成してもらいます。記事をもとに、聴衆の前にいるかのようなイメージで即興のスピーチを行うこともあります。

　ここまでイメージが可視化・共有されると、あとは、Purposeとビジョンを一言で表せば策定完了です。このようなプロセスでできたPurposeは、策定メンバー一人ひとりの想いが反映されているため、自ずと個々人のPurpose

第6章 次世代型組織の中心となるCHOの実際

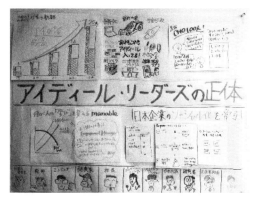

アイディール・リーダーズ社の「未来記事」

と重なる内容になってくるのです。CHOが幸福度向上のためにまず取り組むべきワークショップであると言えるでしょう。

CHOのツールボックス（２）
相互理解のための強み当てゲーム

「自分らしさ」や「関係性」を高めるためには、自己理解と他者理解をすることが有効です。その方法のひとつとして、よく実施しているのが、強みの診断ツールを使ったワークショップです。これはゲーム性もあるので、チームビルディングのワークショップとして楽しみながら行うことができます。

　進め方とポイントは以下のとおりです。

☐ メンバーがそれぞれ、ワークショップの前までに強みの診断を行っておく。人数は６名までがベスト。診断結果は、メンバーには公表せずに、ファシリテーターだけに伝えておく

- □ ワークショップ当日、メンバーで集まり、ゲームスタート。この強みはメンバーの中の誰の強みか？を当てるのが最終目標

- □ ファシリテーターは、1名分ずつ、名前は伏せた状態で強みを紙に書いて貼り出す。

- □ その上で、次のような問いを投げかける。「この人はどんな人っぽい？　どんな人となりが見えてくる？」「得意そうなことは何？」「有名人や歴史上の人物に例えると？」「気をつけるポイントは？」など。メンバーは、その強みが誰のものかは一旦気にせずに、この強みの持ち主はどんな人だろう？　と想像を膨らまし、問いに答える。ファシリテーターは、対話の内容をホワイトボードや模造紙に記録する。ちなみに、このとき、Aさんはこの強みは自分のものだと分かっているので問いに答えづらいのだが、黙っていると他のメンバーにそれが自分のものだとバレてしまうので、なるべく平然と、他のメンバーと同じように振る舞う（客観的に自分のことを観る機会にもなる）

- [ ] この要領で、全員分行う
- [ ] 最後まで行ったら、各自が紙に、どの強みが誰のものか？　の予想を記入し発表する（例：Ａさん＝田中さん、Ｂさん＝鈴木さん、Ｃさん＝……）
- [ ] 全員が予想を発表したら、いよいよ正解オープン！ファシリテーターが、それぞれの強みが誰のものかを発表する。一番正解が多かったメンバーが勝利する

第6章 次世代型組織の中心となるCHOの実際

ポイント

☆強みと人を切り離して考えるため、「あの人はこういう人だよね」という固定観念から離れて、その人の特性を捉えることができる

☆いつも仕事を一緒に行っているメンバーであっても、このワークショップをやってみると、互いの意外な一面が見つかることが多い。「だからいつもあのような行動をとるんだ」ということが理解できるし、「こういう場面ではこの人に助けてもらおう」と相互サポートの関係もできやすい。もちろん、新しくチームが組成したときにも有効

☆また、客観的に他の人の強みと自身の強みを比べることで、自分に対する理解も深まる

☆ワークショップで互いの強みを理解した後、「どのようにすれば強みをより仕事で活かせるか？」「互いにどんなサポートが必要か？」といった会話をチームで行えるとよい

CHOのツールボックス（3）
今日からできる取り組みのアイディア

　ここでは、その他、日常的に行える取り組みのアイディアを紹介します。これらは必ずしも経営職としてのCHOでないとできないものではありません。自分や周りの幸せを高めたい！　と思った人（前野先生が言うところの「しあわせ係」）であれば誰でも始められるものです。これらを参考に、クリエイティブなアイディアをぜひ考えてみてください。

①チェックイン

- [ ] アイディール・リーダーズでは、社内のミーティングでも、クライアントとのミーティングでも、会議の冒頭で「チェックイン」を行っている
- [ ] 本題に入る前に、そこに集まるメンバーが1人一言ずつ、気になっていることや、いまの率直な気持ち、

- 楽しみなこと等を話す。内容は仕事に関することでもプライベートのことでもよい

- ☐ たとえば、「前の会議であがった話題がちょっと気になっていますが、まずはこの場に集中しようと思います」「子どものお迎えの時間が近づいているのが気になってます」「最近、筋トレにはまっていて、体調がよいです」「先週からXXについての勉強を始めていて、新しい発見が多く充実しています」「前回のミーティングに参加できていないので、今日はついていけるかな、と少し心配です」「ちょっと喉が痛いので、今日はあまり発言ができないかもしれないです」など

- ☐ 話す順番は決まっていない。話したくなった人から話し始める。全員が話し終えたら、会議の本題に入る

- ☐ 効果としては、お互いの新たな一面を発見したり（例：ＸＸについて関心があるのか。今度話を聞いてみよう！）、互いの状態を確認すること（例：あの人の発言が少ないのは反対しているからではなく、体調がすぐれない

- [ ] からなんだ！）ができる
- [ ] また、話すことにより、気になっていることが少し解消したり、本題の中で発言する前の「発声練習」にもなったりする
- [ ] 結果として、メンバーの関係性が向上し、会議の生産性も高まる

②感謝ポスト

- [ ] お互いへの感謝の言葉を口にするのは簡単ではない
- [ ] そこで、感謝のメッセージを投函する「ポスト」を作る
- [ ] 壁にメンバー一人ひとりの名前の書いた封筒を貼りつける。そばにメッセージカードとペンを置いておく
- [ ] 感謝したいことが見つかったら、そのカードに一言メッセージを書き、感謝したい人の封筒に入れる
- [ ] 感謝の内容は、小さいことでもOK。「〜のとき、手伝ってくれて助かりました！」「いつも笑顔で応えてくれてありがとう！」「先日のアドバイス、とて

第6章 次世代型組織の中心となるCHOの実際

も役に立ちました。感謝です！」など

☐ 一定期間が終わったら、封筒を取り外し、封筒に書いてある名前のメンバーに渡す

☐ 感謝のメッセージを受け取るともちろんハッピーだが、実は感謝を伝える方がより幸福感が高まる、ということがポジティブ心理学で言われている

☐ 感謝ポストが定着したら、感謝ウォール（壁にメッセージを貼りだす）を行ってみてもよい。お互いどんな点に感謝しあっているかが見えるので、互いのよい点に関する新たな発見が生まれると同時に、ポジティブな空気も生まれる

③ムードボード

☐ メンバーの状態や感情を見える化するムードボード。模造紙やホワイトボードに、ムード×メンバー名の表を書き、オフィスの壁に掲示する

☐ メンバーは毎日（または思い立ったときに）自分の状態に近いところにマグネットや付せんを貼る（「その他」なら、付せんにいまのムードを書き、貼りつける）。複

数回答も可

☐お互いの状態が分かるので、気にかけたり声をかけることができる。「何に対してもやもやしているの?」「どんなよいことがあったの?」「忙しいようだから、少し休んだ方がいいね。何か手伝える?」など

☐コミュニケーションを増やすきっかけにもなるし、相互理解にもつながる

☐感情を表にだすことに慣れていない、日本企業の文化でも取り組みやすい

第6章 次世代型組織の中心となる CHOの実際

感謝ポスト

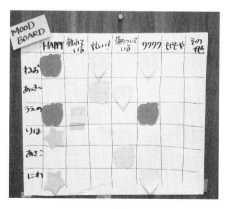

ムードボード

213

CHOは「しあわせ係」から

　理論や事例、ワークショップや日常でできることなど様々な観点から幸福度向上やそれを主導するCHOの重要性を述べてきました。

　この本では、それらを網羅するという観点から、カバーする範囲をかなり広くとったため、「こんなにたくさんのことをいきなりは実現できない」と感じられたり、「そもそも会社にCHOの必要性を理解してもらうだけでも大変だ」と感じられた方も多いかもしれません。

　組織や社会の変化は確実にやってくるものですが、その変化はある日突然もたらされるというものではなく、周縁から少しずつ起こっていくものです。したがって、「明日から幸福優位な会社にするぞ」というかけ声で組織の全て

が変わる、ということもありえません。

このことは、組織だけでなく個人にもあてはまります。たしかにCHOには権限があったほうがよいのですが、会社に新しい経営職を置くというのは大きな経営判断でもあります。また本書を読んでいる方の皆が皆、即、経営職としてのCHOになれるというものでもありません。けれども、個人やチームのレベルでもCHOとしての取り組みは着実に始めることができるのです。

奇しくも前野先生との対談の中で、「しあわせ係」という言葉が出てきました。たとえば、皆さんのチームの中で、そういった「係」を決めて（学校の当番のように持ち回りでもよいかもしれませんね）、感謝ポストなどの取り組みを進めるだけでも、幸福度向上を体感できるはずです。

このように、経営職としてのCHOだけでなく、チーム・個人のレベルで「しあわせ係」となるだけでも変化への一歩を踏みだすことになるのです。本書を読み終えた皆さん一人ひとりがCHO・しあわせ係になることで、個人・会社・社会が幸せで豊かなものになっていきます。ぜひ小さな一歩を踏みだしてみてください。

おわりに

日本型CHOの確立に向けて

　日本でも幸福度に対する取り組みがニュースで取り上げられるようになってきました。特に「日本ならではだな」と感じたのは、2015年に日立製作所が発表した「組織活性度を計測できるウェアラブルセンサー」を用いた幸福度測定サービスです。

　本書でこれまで見てきたように、幸福度の測定は主観的なアンケートに頼らざるを得ない、というのが実情でした。幸福度が上がれば、脳の働きが活性化し、生産性や創造性が上がるという幸福優位については科学的な裏付けがとれつつあるものの、肝心の幸福度の測定は、客観的な手法が

おわりに

まだ確立されていません。

　しかし、このセンサーの方法であれば、その精度をかなり高めることができるのではないかと期待しています。現状では加速度センサーを用いた身体運動を記録しているため、事務職やエンジニア職のような動作を伴わない仕事には適用しづらい印象を受けます。

　ただし、たとえば、スマートウォッチに搭載されるようになった心拍センサーや、音声認識（会話中のポジティブな単語の出現度）なども組み合わせることができれば、組織の幸福度や逆にストレス度合いなどが高い精度で、しかもリアルタイムに測れるようになるかもしれません。

　わたしたち日本人は感情を表にだすことは苦手ですが、「空気を読む」ことに長けていると言われます。技術を用いて、職場の「空気」を測定し「幸せな空気」を職場に伝染させることができれば、意外と早く世界有数の幸せな職場が多い国になれる可能性すらあると思います。そこには欧米とは異なる、日本型のCHOが成立する余地もあると言えそうです。

　会社と社員のPurposeが共有され、誰もが幸せに働くこ

とは夢物語ではありません。わたしたちは既にそんな時代を経験しているのです。松下電器（現パナソニック）、ホンダやソニー、任天堂といった、いまも世界有数の日本企業は、偉大な経営者によってその地位を築き上げました。彼らは皆、厳しさを持ち合わせながらも、社員の幸せを願っていたエピソードに事欠きません。社員も寝食を忘れながらも、会社と夢や目的を共有し、幸せに働いていたのです。

　いくつか彼らの「言葉」を紹介しましょう。

　　仕事をする中で、喜びを感じられれば幸せです。
　　喜んで仕事ができれば、いい結果につながりやすいでしょう。
　　それは自分のためであり、会社のためにもなります。
　　仕事をするのも他の何かをするのも、「自分の幸せのため」というのが基本ではないでしょうか。
　　どんなことも、どうせやるのなら、少しでも愉しめたり喜べたりしたほうがいいでしょう。そのためには、「愉しむ工夫をする」「喜んでやる」というようなことと、「心のゆとり」「ちょっと力を抜く」「遊び心」というような

おわりに

ものが大切なのではないでしょうか。

本田宗一郎

何かをするときに、「（そのことを）楽しもう」と思うか思わないかでは、感じ方が変わります。
楽しむためには、心の余裕が必要なのかもしれません。
ちょっと肩の力を抜いて、楽しんでやれたらいいでしょう。
桜の花を楽しむように人生を楽しめたら、幸せだと思います。十分に楽しめれば、「生きててよかった。生きている甲斐がある」などとも思えるのではないでしょうか。

松下幸之助

もし、死ぬときに「俺は大事な人生を、あんなところでムダに過ごしてしまったな」と思ったとしたら、これほど不幸なことはない。やはり、「俺はソニーで働けて幸せだった」と思って死ぬようにしてあげることが、社員に対する最大の務めだと思う。

盛田昭夫

いかがでしょうか？　「幸福度」や「職場の幸せ」に注目が集まる遙か以前から、社員と会社の幸せのあり方に彼らが心を砕いてきたことが、これらの言葉によく表れているとは思いませんか。

　アイディール・リーダーズがお手伝いしている会社も、Purposeの共有を図ることで、大きな一歩を踏みだしています。その成果は、売上や収益とあわせて、社員の幸福度でこれからは示されることになっていくはずです。

　働き方改革・生産性革命の本質は、幸せな職場づくりにあるとわたしは確信しています。それを先導するのは、経営職、あるいは幸せな職場づくりに邁進する「しあわせ係」としてのCHOなのです。

　本書を読んだ皆さんが、CHOとしての一歩を踏みだしてくださることを心から願っています。

丹羽真理

[謝　辞]

　この本の執筆にあたっては、大変多くの方にお世話になりました。あらためて、感謝申し上げます。
　まず、本書の第5章にご登場いただいた、慶應義塾大学大学院システムデザイン・マネジメント（SDM）研究科の前野隆司教授と、ユニリーバ・ジャパン・ホールディングス株式会社取締役人事総務本部長の島田由香さんには様々なインスピレーションとアドバイスをいただきました。
　また、本書にメッセージをいただいた、一橋大学特任教授・法政大学大学院教授の米倉誠一郎氏にも御礼申し上げます。先生にはいつもわたしたちの活動を応援していただいています。
　CHOの先輩である、デンマークWoohoo社のAlexander Kjerulf氏からは、「仕事における幸せ」に関する理論のみならず、CHOとして活動していく上での勇気をもらいました。また、同社主催のワークショップで出会った、世界各国のCHOの仲間たちにも感謝を伝えたいです。

そして、弊社のクライアントの皆さま。皆さまとのお仕事を通じて、パーパス、そして社員の幸せを大切にする経営の可能性をいつも感じています。ありがとうございます。

　最後に、本書をまとめる上で、まつもとあつしさん、クロスメディア・パブリッシングの川辺さん、菅さんほか皆さまに大変お世話になりました。特にまつもとさんには、弊社の広報アドバイザーとして、今回の編集協力のみならず、いつもご尽力いただいていることに感謝いたします。

2018年８月吉日

読 者 特 典

仕事における幸福度合いを測る
アンケート項目をプレゼントします。

関心のある方はぜひ
アクセスしてみてください。

URL：http://bit.ly/ILCHObookSurvey

※特典の配布は予告なく終了する場合がございます。

【著者略歴】
丹羽真理（にわ・まり）

Ideal Leaders 株式会社　共同創業者 / CHO (Chief Happiness Officer)
国際基督教大学卒業、University of Sussex 大学院にて MSc 取得後、2007 年に株式会社野村総合研究所に入社。民間企業及び公共セクター向けのコンサルタントとして活動後、エグゼクティブコーチングと戦略コンサルティングを融合した新規事業 IDELEA（イデリア）に参画。2015 年 4 月、Ideal Leaders 株式会社を設立し、CHO (Chief Happiness Officer) に就任。社員のハピネス向上をミッションとするリーダー「CHO」を日本で広めることを目指している。経営者やビジネスリーダー向けのエグゼクティブコーチング、Purpose を再構築するプロジェクト等の実績多数。特定非営利活動法人 ACE の理事も務める。

URL : http://ideal-leaders.co.jp

パーパス・マネジメント
──社員の幸せを大切にする経営

2018 年 9 月 1 日　初版発行
2018 年 12 月 13 日　第 3 刷発行

発行　株式会社クロスメディア・パブリッシング

発行者　小早川 幸一郎

〒151-0051　東京都渋谷区千駄ヶ谷 4-20-3 東栄神宮外苑ビル
http://www.cm-publishing.co.jp

■本の内容に関するお問い合わせ先 ……………… TEL (03)5413-3140 / FAX (03)5413-3141

発売　株式会社インプレス

〒101-0051　東京都千代田区神田神保町一丁目 105 番地

■乱丁本・落丁本などのお問い合わせ先 ……………… TEL (03)6837-5016 / FAX (03)6837-5023
service@impress.co.jp
(受付時間 10:00 〜 12:00、13:00 〜 17:00　土日・祝日を除く)
※古書店で購入されたものについてはお取り替えできません

■書店/販売店のご注文窓口
株式会社インプレス 受注センター ……………… TEL (048)449-8040 / FAX (048)449-8041
株式会社インプレス 出版営業部 ……………………………………… TEL (03)6837-4635

カバーデザイン　金澤浩二 (cmD)
本文デザイン　安井智弘
©Mari Niwa 2018 Printed in Japan

校正・校閲　西進社
印刷・製本　株式会社シナノ
ISBN 978-4-295-40219-0 C2034